财务管理信息化研究

李媛媛　赵红军　刘晓东　著

延吉·延边大学出版社

图书在版编目（CIP）数据

财务管理信息化研究 / 李媛媛, 赵红军, 刘晓东著.
延吉：延边大学出版社, 2024. 8. -- ISBN 978-7-230
-06942-7

Ⅰ. F275-39
中国国家版本馆 CIP 数据核字第 2024GU0882 号

财务管理信息化研究

著　　者：	李媛媛　赵红军　刘晓东
责任编辑：	翟秀薇
封面设计：	文合文化
出版发行：	延边大学出版社
社　　址：	吉林省延吉市公园路 977 号　　邮　编：133002
网　　址：	http://www.ydcbs.com　　E-mail：ydcbs@ydcbs.com
电　　话：	0433-2732435　　传　真：0433-2732434
印　　刷：	廊坊市广阳区九洲印刷厂
开　　本：	787 毫米×1092 毫米　1/16
印　　张：	11.5
字　　数：	200 千字
版　　次：	2024 年 8 月第 1 版
印　　次：	2024 年 11 月第 1 次印刷
书　　号：	ISBN 978-7-230-06942-7

定　　价：78.00 元

目　录

第一章　财务管理概述 ………………………………………… 1
第一节　财务活动与财务关系 ………………………………… 1
第二节　财务管理的特点与目标 ……………………………… 6
第三节　财务管理的步骤与程序 ……………………………… 11
第四节　财务管理应遵循的原则 ……………………………… 14

第二章　财务管理的基本模式 ………………………………… 22
第一节　财务筹资管理模式 …………………………………… 22
第二节　财务投资管理模式 …………………………………… 39
第三节　财务营运资金管理模式 ……………………………… 50
第四节　财务利润分配管理模式 ……………………………… 64

第三章　财务信息化概述 ……………………………………… 77
第一节　财务工作的演变 ……………………………………… 77
第二节　财务信息化相关基础理论 …………………………… 88
第三节　财务信息化实施 ……………………………………… 92
第四节　财务信息化评价标准与评价体系 …………………… 96

第四章　财务管理分析 ………………………………………… 102
第一节　财务管理信息系统概述 ……………………………… 102

第二节　财务管理过程……………………………………107

　　第三节　财务管理信息系统的开发利用……………………110

　　第四节　财务管理信息化应用的主要信息技术……………115

第五章　财务管理信息化的实践探索…………………………119

　　第一节　财务管理信息化的表现形式——财务软件………119

　　第二节　财务管理信息化的深入发展——ERP财务管理……126

第六章　财务管理信息化…………………………………………133

　　第一节　账务处理信息化……………………………………133

　　第二节　往来业务管理信息化………………………………150

　　第三节　固定资产管理信息化………………………………160

　　第四节　资金管理信息化……………………………………167

　　第五节　出纳管理信息化……………………………………171

参考文献……………………………………………………………178

第一章 财务管理概述

第一节 财务活动与财务关系

一、财务活动

企业中的财务活动是以现金收支为主的企业资金收支活动的总称。在市场经济条件下，资金是进行生产经营活动的必要条件。企业的生产经营活动一方面表现为物资的不断购进和售出，另一方面表现为资金的支出和收回。企业的生产经营活动不断进行，也就会不断产生资金的收支。企业资金的收支构成了企业经济活动的一个独立方面，这便是企业的财务活动。企业财务活动可分为以下四个方面：

（一）筹资活动

企业从事生产经营活动，首先要解决的问题是通过何种方式、在哪些时间筹集多少资金。在筹资过程中，企业通过发行股票、发行债券、吸收直接投资等方式筹集资金，表现为企业的资金收入；而企业偿还借款、支付利息和股利以及支付各种费用等，则表现为企业的资金支出。这种资金收支，便是企业的财务活动。

在进行筹资活动时，企业财务人员先要预测企业需要多少资金，再思考是通过发行股票取得资金，还是向债权人借入资金，两种方式筹集的资金占总资金的比重各为多少等问题。假设企业决定借入资金，那么是发行债券好，还是从银行借入资金好；借入的资金应该是长期的还是短期的；资金的偿付是固定的还是可变的；等等。企业财务人员在面对这些问题时，一方面要保证筹集的资金能满足企业经营与投资的需要；另一方面还要使筹资风险在企业的掌控中，一旦外部环境发生变化，企业不至于因无法偿还债务而陷入破产。

（二）投资活动

企业筹集资金的目的是把资金用于生产经营活动以取得盈利，不断地增加企业的价值。企业把筹集到的资金用于购置自身经营所需要的固定资产、无形资产等，便形成企业的对内投资；企业把筹集到的资金用于购买其他企业的股票、债券，或与其他企业联营进行投资及收购另一个企业等，便形成企业的对外投资。企业无论是购买内部所需的各种资产，还是购买各种证券，都需要支出资金。当企业变卖其对内投资的各种资产或收回其对外投资时，会产生资金的收入。这种因企业投资而产生的资金收入，便是由投资引起的财务活动。

在进行投资活动时，由于企业的资金是有限的，因此应尽可能将资金投放在能带给企业最大收益的项目上。由于投资通常在未来才能获得回报，因此，企业财务人员在分析投资方案时，不仅要分析投资方案的资金流入与资金流出情况，还要分析企业为获得相应的报酬需要等待多久。当然，获得回报越早的投资项目越好。另外，投资项目几乎都是有风险的，一个新的投资项目可能成功，也可能失败，因此，企业财务人员要找到一种方法对风险因素加以计量，从而判断选择哪些方案，放弃哪些方案，或者将哪些方案进行组合。

（三）经营活动

企业在日常生产经营活动中，会产生一系列的资金收支行为。首先，企业要采购原材料，以便从事生产和销售活动，同时，还要支付工资和其他营业费用；其次，企业将产品售出后，便可取得收入，收回资金；最后，如果企业现有资金不能满足企业经营的需要，还要通过短期借款方式来筹集所需资金。上述各方面都会产生资金的收支行为，属于企业生产经营引起的财务活动。

在企业生产经营引起的财务活动中，会涉及流动资产与流动负债的管理问题，其中的关键是加速资金的周转。流动资金的周转与生产经营周期具有一致性，在一定时期内，资金周转快，就可以利用相同数量的资金生产出更多的产品，取得更多的收入，获得更多的收益。因此，如何加速资金的周转，提高资金的利用效率，是企业财务人员需要考虑的问题。

（四）分配活动

企业在经营过程中会产生利润，也可能会因对外投资而分得利润，这表明企业实现了资金的增值或取得了投资报酬。企业的利润要按规定的程序进行分配。首先，要依法纳税；其次，要用来弥补亏损，提取盈余公积；最后，要向投资者分配股利。这种因利润分配而产生的资金收支行为，便属于由利润分配引起的财务活动。

在分配活动中，企业财务人员需要确定股利支付率，即用多大比例的税后利润来支付给投资人。过高的股利支付率,会使较多的资金流出企业,从而影响企业再投资的能力,一旦企业遇到较好的投资项目,将有可能因为缺少资金而错失良机;而过低的股利支付率,又有可能引起投资人的不满,对于上市公司而言,这种情况可能导致股价下跌,从而使企业价值下降。因此,企业财务人员要根据自身的具体情况确定最佳的利润分配政策。

上述财务活动的四个方面不是相互割裂、互不相关的,而是相互联系、相互依存的,构成了完整的企业财务活动。这四个方面也是财务管理的基本内容:筹资管理、投资管理、营运资金管理、利润及其分配管理。

二、财务关系

企业中的财务关系是企业在组织财务活动过程中与各相关方面发生的经济关系。企业的筹资活动、投资活动、经营活动、利润及其分配活动与企业内部和外部的各个方面有着广泛的联系。企业的财务关系主要体现在以下几个方面:

(一)企业与所有者

企业与所有者的财务关系主要是指企业的所有者向企业投入资金,企业向其所有者支付投资报酬所形成的经济关系。企业的所有者主要有四类:①国家;②法人单位;③个人;④外商。企业的所有者要按照投资合同、协议、章程的约定履行出资义务,以便及时形成企业的资本金。企业利用资本金进行经营,实现利润后,应按出资比例或合同、章程的规定,向其所有者分配利润。企业同其所有者之间的财务关系体现出所有权的性质,反映出经营权和所有权的关系。

（二）企业与债权人

企业与债权人的财务关系主要是指企业向债权人借入资金，并按借款合同的规定按时支付利息和归还本金所形成的经济关系。企业除利用资本金进行经营活动外，还要借入一定数量的资金，以扩大企业的经营规模。企业的债权人主要有：①债券持有人；②贷款机构；③商业信用提供者；④其他出借资金给企业的单位或个人。企业使用债权人的资金后，要按约定的利率及时向债权人支付利息。债务到期时，要合理调度资金，按时向债权人归还本金。企业同其债权人之间的关系体现的是债务与债权关系。

（三）企业与被投资单位

企业与被投资单位的财务关系主要是指企业将其闲置资金，以购买股票或直接投资的形式向其他企业投资所形成的经济关系。企业向其他企业投资，应按约定履行出资义务，参与被投资企业的利润分配。企业同被投资企业之间的关系体现的是所有权性质的投资与受资的关系。

（四）企业与债务人

企业与债务人的财务关系主要是指企业将其资金以购买债券、提供借款或以商业信用等形式出借给其他企业所形成的经济关系。企业将资金借出后，有权要求其债务人按约定的条件支付利息和归还本金。企业同其债务人的关系体现的是债权与债务关系。

（五）企业内部各单位

企业内部各单位的财务关系主要是指企业内部各单位之间在生产经营各环节相互提供产品或劳务所形成的经济关系。在实行内部责任核算制度的条件下，企业供、产、销各部门以及各生产单位之间，在相互提供产品和劳务时要进行计价结算。这种在企业内部形成的资金结算关系，体现了企业内部各单位之间的利益关系。

（六）企业与职工

企业与职工的财务关系主要是指企业在向职工支付劳动报酬的过程中形成的经济关系。企业要用自己的产品销售收入，向职工支付工资、津贴、奖金等，按照职工提供的劳动数量和质量支付其劳动报酬。这种企业与职工之间的财务关系，体现了企业与职工在劳动成果上的分配关系。

（七）企业与税务机关

企业与税务机关的财务关系主要是指企业要按照税法的规定依法纳税而与国家税务机关之间形成的经济关系。任何企业都需要按照国家税法的规定缴纳各种税款，以保证国家的财政收入，满足社会各方面的需要。及时、足额地缴税是企业对国家的贡献，也是对社会应尽的义务。因此，企业与税务机关之间的关系反映的是依法缴税和依法征税的权利义务关系。

第二节　财务管理的特点与目标

一、财务管理的特点

财务管理是企业管理的重要组成部分，其实质是以价值形式对企业的生产经营全过程进行综合性的管理。企业生产经营活动的复杂性，决定了企业管理必须包括多方面的内容，如生产管理、技术管理、劳动人事管理、设备管理、销售管理、财务管理等。各项工作是互相联系、紧密配合的，同时有科学的分工，具有各自的特点，其中财务管理的特点主要体现在以下方面：

（一）财务管理是综合性管理工作

企业在实行分工、分权的过程中形成了一系列专业管理工作，有的侧重于使用价值的管理，有的侧重于价值的管理，有的侧重于劳动要素的管理，有的侧重于信息的管理。社会经济的发展要求财务管理主要运用价值形式对经营活动实施管理。财务管理通过价值形式，把企业的物质条件、经营过程和经营结果都合理地加以规划和控制，从而达到企业效益不断提高、财富不断增加的目的。因此，财务管理既是企业管理的一个独立方面，又是一项综合性的管理工作。

（二）财务管理与企业的联系广泛

在企业的日常经营活动中，一切涉及资金的收支活动都与财务管理有关。事实上，企业内部各部门与资金不发生联系的情况是很少的。因此，财务管理的触角常常伸向企业经营的各个方面。企业每一个部门都会通过资金的使用与财务部门发生联系，每一个部门也都要在合理使用资金、节约资金支出等方面接受财务部门的指导，受到财务制度的约束，以此来确保企业经济效益的提高。

（三）财务管理能快速反映企业的生产经营状况

在企业管理中，决策是否恰当、经营是否合理、技术是否先进、产销是否顺畅，都可以迅速地在企业的财务指标中反映出来。例如，如果企业生产的产品适销对路，质量优良可靠，则可以带动生产发展，实现产销两旺，资金周转加快，营利能力增强，这一切都可以通过各种财务指标迅速地反映出来。这也说明，财务管理工作既有其独立性，又受整个企业管理工作的制约。企业财务部门应通过自己的工作，向企业领导及时通报有关财务指标的变化情况，以便把各部门的工作都纳入提高经济效益的轨道上，努力实现财务管理的目标。

二、财务管理的目标

企业的财务管理是企业运营发展中不可或缺的一个重要部分，它可以确保企业的日常活动按照企业的既定计划有序进行。没有明确目标，就没有方向，也就无法判断决策的优劣。财务管理目标决定着财务管理所采用的原则、程序和方法。因此，财务管理的目标是建立财务管理体系的逻辑起点。企业财务管理的基本目标取决于企业的目标。投资者创立企业的目的是营利。已经创立起来的企业，虽然有改善职工待遇、改善劳动条件、扩大市场份额、提高产品质量、减少环境污染等多个目标，但营利是其最基本、最重要的目标。营利不仅体现了企业的出发点和归宿，还可以概括其他目标的实现程度，并有助于其他目标的实现。最具综合性的计量是财务计量。因此，企业的目标综合体现为企业的财务管理目标。企业财务管理的基本目标，主要包括以下几个方面：

（一）利润最大化的目标

利润最大化的目标强调利润代表了企业新创造的财富，利润越多则说明企业的财富增加得越多，越接近企业的目标。利润最大化的目标有其局限性，主要表现在：①没有考虑利润的取得时间。例如，今年获利 100 万元和明年获利 100 万元，哪一个更符合企业的目标？若不考虑货币的时间价值，就难以做出正确判断。②没有考虑所获利润和投入资本额的关系。例如，同样获得 100 万元利润，一家企业投入资本 500 万元，另一家企业投入 600 万元，哪一个更符合企业的目标？若不与投入的资本数额联系起来，就难以做出正确判断。③没有考虑获取利润和所承担风险的关系。例如，同样投入 500 万元，本年获利 100 万元，一家企业的获利已全部转化为现金，另一家企业的获利则全部是应收账款，并可能发生坏账损失，哪一个更符合企业的目标？若不考虑风险大小，就难以做出正确判断。

如果投入资本相同、利润取得的时间相同、相关的风险也相同，那么利润最大化是一个可以接受的观念。事实上，许多财务经理人都把提高利润作为企业的短期目标。

（二）每股收益最大化的目标

每股收益最大化的目标强调应把企业的利润和股东投入的资本联系起来考察，用每股收益（或权益净利率）来概括企业的财务管理目标，以克服"利润最大化"目标的局限性。每股收益最大化目标也存在一定的局限性，包括：一是没有考虑每股收益取得的时间；二是没有考虑每股收益的风险。如果每股收益的取得时间、风险相同，则每股收益最大化也是一个可以接受的观念。事实上，许多投资人把每股收益作为评价企业业绩的关键指标。

（三）股东财富最大化的目标

股东财富最大化的目标强调增加股东财富是财务管理的基本目标。股东创办企业的目的是增加财富，如果企业不能为股东创造价值，股东就不会为企业提供资本。没有了权益资本，企业也就不复存在了。股东财富的增加可以用股东权益的市场价值与股东投资资本的差额来衡量，它被称为"股东权益的市场增加值"。股东权益的市场增加值是企业为股东创造的价值。

有时财务管理目标被表述为股价最大化，在股东投资资本不变的情况下，股价上升表明股东财富增加，股价下跌表明股东财富减损。股价的升降，代表了投资大众对企业股权价值的客观评价。它以每股价格表示，反映了资本和获利之间的关系；它受预期每股收益的影响，反映了每股收益大小和取得的时间；它受企业风险大小的影响，可以反映每股收益的风险。值得注意的是，企业与股东之间的交易也会影响股价，但不影响股东财富。例如，分配股利时股价下跌，回购股票时股价上升等。因此，假设股东的投资资本不变，股价最大化与增加股东财富具有同等意义。

有时财务目标还被表述为企业价值最大化。企业价值的增加，是由股东权益价值增加和债务价值增加引起的。假设债务价值不变，则增加企业价值与增加股东权益价值具有相同意义。假设股东的投资资本和债务价值不变，企业价值最大化与增加股东财富具有相同的意义。

因此，股东财富最大化、股价最大化和企业价值最大化，其含义均指增加股东财富。不同的财务管理目标之间的分歧是如何看待利益相关者的要求。任何一门学科都要有一个统一的目标，围绕这个目标发展其理论和模型。统一的目标可以为企业财务管理提供一个统一的决策依据，并且保持各项决策的内在一致性。如果使用多个目标，就很难指导决策，更无法保证各项决策之间不发生矛盾。

第三节　财务管理的步骤与程序

财务管理的步骤与程序一般包括以下五个环节：

一、财务预测环节

财务预测环节是企业根据财务活动的历史资料，考虑现实条件与要求，运用特定方法对企业未来的财务活动和财务成果做出科学的预计或测算。财务预测环节是进行财务决策的基础，是编制财务预算的前提。

第一，财务预测的任务。①测算企业财务活动的数据指标，为企业决策提供科学依据。②预计企业财务收支的发展变化，确定企业未来的经营目标。③测定各项定额和标准，为编制计划、分解计划指标提供依据。

第二，财务预测的步骤。财务预测是按照一定程序进行的，其步骤如下：①确立财务预测的目标，使预测工作有目的地进行。②收集、分析用于财务预测的资料，并加以分类和整理。③建立预测模型，有效地进行预测工作。④论证预测结构，检查和修正预测的结果，分析产生的误差及其原因，以确保完成目标。

财务预测所采用的方法一般分为两种：一种是定性预测，是指企业在缺乏完整的历史资料或有关变量之间不存在较为明显的数量关系时，专业人员进行的主观判断与推测；另一种是定量预测，是指企业根据比较完备的资料，运用数学方法，建立数学模型，对事物的未来进行预测。在实际工作中，通常将两者结合起来进行财务预测。

二、财务决策环节

财务决策环节是企业财务人员按照企业财务管理目标,利用专门方法对各种备选方案进行对比分析,从中选出最优方案的过程。财务决策不是拍板决定的瞬间行为,而是提出问题、分析问题和解决问题的全过程。正确的财务决策可使企业起死回生,错误的财务决策可导致企业毁于一旦,所以财务决策是企业财务管理的核心,其成功与否直接关系到企业的兴衰成败。财务决策不同于一般的业务决策,它具有很强的综合性,其决策程序包括以下几个方面:

第一,确定决策目标。以预测数据为基础,结合本企业的总体经营部署和国家宏观经济管理的要求,确定决策期内企业要实现的财务目标。

第二,提出备选方案。以确定的财务目标为主,考虑市场可能出现的变化,结合企业内外有关财务和其他经济活动的资料以及调查研究材料,设计出能够实现财务目标的各种备选方案。

第三,选择最优方案。通过对各种备选方案进行分析论证和对比研究,做出最优财务决策。

财务决策常用的方法有比较分析法、线性规划法、概率决策法和最大最小收益值法等。

三、财务预算环节

财务预算环节是指企业运用科学的技术手段和方法,对未来财务活动的内容及指标进行综合平衡与协调的具体规划。财务预算是以财务决策确立的方案和财务预测提供的信息为基础编制的,是财务预测和财务决策的具体化，是财务控制和财务分析的依据，贯穿企业财务活动的全过程。财务预算的编制程序主要有：①分析财务环境，确定预算指标。②协调财务能力，组织综合平衡。③选择预算方法，编制财务预算。

四、财务控制环节

财务控制环节是在财务管理过程中，利用有关信息和特定手段，对企业的财务活动进行调节。实行财务控制是落实财务预算、保证预算实现的有效措施，也是责任绩效考评与奖惩的重要依据。财务控制实施的步骤主要有：①制定控制标准，分解落实责任。②实施追踪控制，及时调整误差。③分析执行情况，做好考核奖惩。

财务控制的主要方法有：①事前控制，是在财务活动发生之前所进行的控制活动。②事中控制，是对企业生产经营活动中实际发生的各项业务活动按照计划和制度的要求进行审核，随时检查节超情况，并及时采取降低成本费用的措施。③事后控制，是在财务计划执行后，认真分析检查实际与计划之间的差异，采取切实措施，消除偏差或调整计划，使差异不至于扩大。

五、财务分析环节

财务分析环节是根据财务核算资料，运用特定方法，对企业财务活动过程及其结果进行分析和评价的一项工作。财务分析既是本期财务活动的总结，也是下期财务预测的前提，具有承上启下的作用。通过财务分析，可以掌握企业财务预算的完成情况，评价财务状况，研究和掌握企业财务活动的规律，改善财务预测、财务决策、财务预算和财务控制，提高企业财务管理水平。通常财务分析的内容主要包括以下四个方面：

第一，分析偿债能力。企业偿债能力分析包括短期偿债能力分析和长期偿债能力分析。短期偿债能力分析主要分析企业债务能否及时偿还。长期偿债能力分析主要分析企业资产对债务本金的支持程度和对债务利息的偿付能力。

第二，分析营运能力。营运能力分析既要从资产周转期的角度来评价企业经营活动量的大小和资产利用效率的高低，又要从资产结构的角度来分析企业资产构成的合理性。

第三，分析营利能力。营利能力分析主要分析企业营业活动和投资活动取得收益的能力，包括企业营利水平分析、社会贡献能力分析、资本保值增值能力分析以及上市公司税后利润分析。

第四，分析综合财务能力。从总体上来分析企业的综合财务能力，评价企业各项财务活动的相互联系和协调情况，揭示企业经济活动中的优势和薄弱环节，指明改进企业工作的主要方向。

财务分析常用的主要方法有对比分析法、因素分析法、趋势分析法和比率分析法等。

第四节　财务管理应遵循的原则

财务管理的原则又称理财原则，是人们对财务活动共同的、理性的认识。财务管理的原则能够帮助人们理解常见的财务管理实务和新的复杂情形，是联系财务管理理论和财务管理实务的纽带。一般而言，财务管理应遵循以下原则：

一、有关竞争环境的原则

有关竞争环境的原则是对资本市场中人的行为规律的基本认识，主要包括以下方面：

（一）自利行为原则

自利行为原则是人们在进行决策时会按照自己的利益行事，人们会选择对自己的经济利益最有好处的方案来行动。自利原则的依据是"经济人"假设，该假设认为，人们对每项预期的交易都能衡量其代价和利益，并且会选择对自己最有利的方案作为行动方案。自利行为原则假设企业决策人对企业目标具有合理的认知，并且对如何达到目标具有合理的想法。在这种假设情况下，企业会采取对自己最有利的行动。自利行为原则并不认同钱在每个人的生活中是最重要的东西，但商业交易的目的在于获利，在这些非人格化的交易中，从中获得最大的利益是首先要考虑的。

自利行为原则的一个重要的应用是委托—代理理论。该理论把企业看成是各种自利人的集合。一个企业涉及的利益关系人包括普通股东、债权人、银行、社会公众、经理人员、员工、客户、供应商等。这些利益关系人都是按自利行为原则行事的，企业与各种利益关系人之间的关系，大部分属于委托代理关系。这种相互依赖又相互冲突的利益关系，需要通过"契约"来协调。契约分为明确契约和模糊契约两种，如企业与短期债权人之间定有在未来的特定日期支付特定金额的货币就属于明确契约；而员工承诺诚实和努力工作，经理承诺按股东最佳利益行事，则属于模糊契约。

自利行为原则的另一个应用是机会成本和机会损失理论。有竞争力的、值得做的行动经常被采纳。当某人采取了一种行动时，就等于取消了其他可能的行动。一种行动的价值和最佳选择的价值之间的差异称为机会损失，被放弃的最佳行动的价值称为机会成本。尽管机会成本和机会损失在实际操作中难以避免，但在做出一项有效决策时，机会成本是必须考虑的重要问题。

（二）双方交易原则

双方交易原则是指每一项财务交易中都至少存在两方：在一方根据自己的经济利益决策时，另一方也会按照自己的经济利益行动，因此在决策时要正确预见对方的反应，不要以自我为中心，低估竞争对手可能会导致失败。

双方交易原则的重要依据是商业交易的"零和博弈"。"零和博弈"是这样一种情形：一个人获利只能建立在另一个人损失的基础上。高价格使购买人受损而卖方受益，低价格使购买人受益而卖方受损；一方得到的与另一方失去的恰好相等，从总体上看收益之和等于零，故称为"零和博弈"。在"零和博弈"中，双方都按照自利行为原则行事，谁都想获利而不愿受损失。最后得以成交，很大原因在于信息的不对称。买卖双方由于信息的不对称，对金融市场产生了不同的预期。高估股票价值的人买进，低估股票价值的人卖出，直到市场价格达到他们一致的预期时才交易停止。因此，在进行财务决策时，不要仅考虑自利行为原则，还要使对方有利，否则交易将无法进行。

双方交易原则的重要应用是企业收购。

（三）信号传递原则

信号传递原则是自利行为原则的延伸，是指行动可以传递信息，当行动与企业的声明不一致时，行动比企业的声明更有说服力。由于人们或企业是遵循自利行为原则行事的，所以一项资产的买进能暗示出该资产"物有所值"，买进的行为提供了有关决策者对未来的预期或计划的信息。例如，一个企业决定进入一个新领域，反映出管理者对自己企业的实力及对新领域的未来前景充满信心。

信号传递原则要求根据企业的行为判断它未来的收益情况。例如，一个经常用配股的办法找股东筹资的企业，很可能自身营利能力较差；一个大量购买国库券的企业，很可能缺少净现值为正数的投资机会；内部持股人出售股份，常常是企业营利能力恶化的重要信号。

当然，信号传递原则还要注意"逆向选择"的问题，即决策可能被误解，导致传递的信息并非企业真正的信息。在资本市场上，每个人都在利用他人的交易信息，自己交易的信息也会被别人利用。因此，应考虑交易的信息效应。例如，当把一件商品的价格降至难以置信的程度时，人们就会认为它的质量不好。又如，一家企业从原来简陋的办公室迁入豪华的写字楼，会向客户传达产品价格高、服务质量好、值得信赖的信息。因此，企业在决定行动时，不仅要考虑决策本身的收益和成本，还要考虑信息效应的收益和成本。

（四）行为原则

行为原则是信号传递原则的直接运用，信号传递原则是指行动传递信息；而行为原则，简言之，即"让我们试图使用这些信息"。我们的理解力存在局限性,在不知道如何做对自己更有利,或者寻找最准确答案的成本过高,以至于在不值得把问题完全搞清楚的情况下,不要继续坚持采用正式的决策分析程序,包括收集信息、制订备选方案、采用模型评价方案等,而是直接模仿成功榜样或者大多数人的做法。

不要把行为原则简单看成"盲目模仿",它只有在两种情况下适用:一是理解存在局限性,认识能力有限,找不到最优的解决办法;二是寻找最优方案的成本过高,即理论尽管能提供明确的解决办法,但收集必要信息的成本超过了潜在的利益。行为原则在实践中有时会出现运用不当的情况,为减少成本和风险,行为原则有一条重要的警告:它是一个次优化原则,其最好的结果就是得出近似最优的结论,最差的结果是模仿了别人的错误。尽管行为原则存在着潜在的不足,但在某些情况下它仍然是有用的。

行为原则的一个重要应用就是"行业效应"。例如,作为一名企业财务经理,正面对一项重大资本结构决策,但这项决策没有唯一的、明显正确的方案。一种合理的办法就是从类似的其他企业中寻找出路,同一行业成功企业或多数企业的做法能为其提供有用的指导。这种行为被称为"行业效应"。在做出资本结构的选择问题上,不要与同一行业成功企业或多数企业的水平偏离太远,这就成了资本结构决策的一个简便、有效的方法。

二、财务交易原则

财务交易原则是指从观察财务交易中得出的对于财务交易基本规律的认识,主要包括以下几个方面:

（一）风险—报酬权衡原则

风险—报酬权衡原则是指高风险的背后必然隐藏着高报酬，低风险的投资机会必然只有较低的预期收益。在财务交易中，当其他条件相同时，人们倾向于高报酬和低风险。

如果两个投资项目收益水平不同，但风险程度相同，人们会选择报酬较高的投资项目，这是由自利行为原则所决定的；如果两个投资项目风险程度不同，收益水平相同，人们会选择风险小的项目，这是由风险反感决定的。所谓的"风险反感"是指人们普遍有规避风险的意识，认为风险是不利的事情。

人们都倾向于高报酬和低风险，而且都在按照自己的经济利益行事，由此引发的竞争带来了风险和报酬之间的权衡。不可能在低风险的同时获得高报酬，因为这是每个人都想得到的。即使有的企业最先发现了这样的投资机会并率先行动，别人也会迅速跟进，竞争会使报酬率降至与风险相当的水平。因此，现实的市场中只有高风险、高报酬和低风险、低报酬的投资机会。如果想获得巨大的收益，就必须冒可能遭受巨大损失的风险，每个市场参与者都在风险和报酬之间权衡。有的人偏好报酬，有的人厌恶风险，但市场最终带来的是风险与报酬的对等，不会让人们去冒没有价值的风险。

（二）投资分散化原则

投资分散化原则是指不要把全部资金都投在一个项目上，而是要分散投资。一个明智的投资者不会把他的全部财产都投在同一个企业，那样若这个企业倒闭，其全部财产就有付诸东流的风险。如果投资分散在多个企业里，除非所有企业都倒闭，否则不会失去全部财产。这种广泛分布投资而不是集中投资的行为即分散化投资。

投资分散化原则的理论依据是美国经济学家哈里·马科维茨的投资组合理论。该理论认为通过有效地进行证券投资组合，便可消减证券风险，达到降低风险的目的。分散化原则具有普遍意义，不仅适用于证券投资，企业日常产、供、销各项决策也应注意运用分散化原则。例如，不应将企业的全部投资集中于个别项目、个别产品和个别行业；不应当把产品销售集中于少数客户；不应当使资源供应集中于个别供应商；重要的决策不要由一个人做出。凡是有风险的事项，都要贯彻分散化原则，以降低风险。

（三）资本市场效率原则

资本市场是指证券（如股票和债券）买卖市场。资本市场效率原则是指在资本市场上被频繁交易的金融资产的市场价格反映了所有可获得的信息，而且面对新信息完全能迅速地做出调整。资本市场的效率取决于新信息反映在每股价格上的速度。这种信息效率，即价格完全反映新信息的速度和准确性，会受到交易成本和交易活动障碍的影响。交易成本越低、交易活动的障碍越小，市场参与者对新信息的反应就越快，对反映新信息的每股价格调整也就越快。

资本市场效率原则要求理财时重视市场对企业的估价。资本市场犹如企业的一面镜子，又犹如企业行为的矫正器。股价可以综合反映企业的业绩，弄虚作假、人为地改变会计方法等对于企业价值的提高毫无用处。当市场对企业的评价降低时，应理性分析企业的行为是否出了问题并设法改进，而不应该设法欺骗市场。

（四）货币时间价值原则

货币时间价值原则是指在进行财务计量时要考虑时间价值因素。货币时间价值是指在再生产过程中运动着的价值，在没有风险和通货膨胀的情况下，经过一定时间的投资与再投资所增加的价值。市场上一种普遍的客观经济现象是想让投资者把钱拿出来，市场必须给他一定的报酬，这种报酬包括两个部分：一部分是无风险报酬，即资金的时间价值；另一部分是风险价值，即因为有风险而附加的投资报酬。货币时间价值原则的重要应用是现值概念。

第二章　财务管理的基本模式

第一节　财务筹资管理模式

筹资是指企业根据生产经营、对外投资以及调整资本结构等的需要，通过一定的筹资渠道，采取适当的筹资方式，获取所需资金的一种财务活动。无论是设立企业，还是维持企业的生产或扩大再生产，都需要有一定的资金支持。企业的资金运动是从筹资开始的。筹资是决定企业资金运动规模和生产经营发展的重要环节。筹资管理是企业财务管理的起点，加强对筹资管理各环节的控制，努力降低筹资成本，是企业筹资管理的根本目标。

一、股权筹资管理

股权筹资是指企业通过吸收直接投资、发行股票、利用留存收益等方式来筹集资金。下面主要探讨吸收直接投资及其管理。吸收直接投资是企业按照"共同投资、共同经营、共担风险、共享利润"的原则直接吸收国家、法人、个人投入资金的一种筹资方式。吸收直接投资的方式适用于非上市公司。吸收直接投资的种类包括：吸收国家投资、吸收法人投资和吸收个人投资。

（一）吸收直接投资的出资方式

吸收直接投资的出资方式主要包括：以现金出资、以实物出资和以无形资产出资。

第一，以现金出资。现金在使用上具有灵活性大的特点，它既可用于购置资产，也可用于支付费用。因此，企业应尽量动员投资者采用现金出资的方式。

第二，以实物出资。以实物出资即投资者以厂房、建筑物、设备等固定资产和原材料、商品等流动资产进行的投资。企业吸收的实物资产应该是企业确实所需的，并且技术先进、作价合理。其作价方式应按国家规定的有关方式执行或本着客观、公正的原则进行，如根据第三方（中介评估机构）的资产评估结果确定其价值，或者按双方签订的合同、协议约定的价值进行作价。

第三，以无形资产出资。以无形资产出资即投资者以专有技术权、商标权、专利权、土地使用权等无形资产进行的投资。一般而言，企业吸收的应该是技术先进，能帮助企业节能降耗、提高生产效率、增强竞争力的无形资产。吸收无形资产需要注意的是：无形资产的作价必须合理，要符合国家对无形资产出资限额的规定。

（二）吸收直接投资的优点与缺点

第一，吸收直接投资的优点：①吸收直接投资增加了企业的资本金，提高了企业的信誉和借款能力，对企业扩大经营规模、壮大实力具有重大作用。②吸收直接投资尤其是吸收实物资产和无形资产，能直接获得投资者的先进设备和技术，有利于尽快形成生产能力，占领市场先机。③由于企业吸收的直接投资属于企业的权益性资金，无须偿还，企业可以自主使用，因此财务风险较小。④与股票筹资相比，吸收直接投资所履行的法律程序相对简单，因此筹资速度相对较快。

第二，吸收直接投资的缺点：①企业对于权益性资金支付的成本较高。因为，向投资者支付的报酬是根据其出资的数额和企业实现利润的比例来计算的，尤其是在企业经营状况较好和营利较多时，企业往往会给投资者分配较多的利润，从而导致企业吸收直接投资的资金成本较高。②采取吸收直接投资的方式筹集资金，投资者往往会取得与投资金额相对应的经营管理权，甚至取得企业的控制权，这也是企业吸收权益性资金的代价之一。③由于吸收直接投资不以证券为媒介，因此其产权转让和交易不利于吸引广大投资者投资。

（三）吸收直接投资的管理策略

吸收直接投资的管理策略主要包括以下方面：

第一，合理确定吸收直接投资的总量。企业在创建时，必须注意其资金筹集规模应与生产经营相适应，不能因资金筹集规模不足而影响生产经营效益。

第二，保持合理的出资结构与资产结构。由于企业吸收直接投资，各种不同的出资方式形成的资产周转能力与变现能力不同，对企业正常生产经营能力的影响也不相同，因此企业应在吸收直接投资时确定较合理的结构关系。这些结构关系包括：现金出资与非现金出资之间的结构关系、实物资产与无形资产之间的结构关系、流动资产与长期资产之间的结构关系（包括流动资产与固定资产之间的结构关系）等。同时，将各种出资方式、资产进行合理搭配，还能提高资产的运营效率，使企业在未来经营中动态地调整资产结构，保持所吸收资产的流动性和弹性。

第三，明确投资过程中的产权关系。不同投资者的投资数额不同，其所享有的权益也不相同。因此，企业在吸收直接投资时必须明确一系列产权关系，如企业与投资者之间的产权关系，以及各投资者之间的产权关系。

二、负债筹资管理

负债是企业的一项重要的资金来源，企业仅凭自有资金，不动用负债，很难满足自身发展的需要。负债筹资是通过负债筹集资金，主要包括向银行借款、发行债券、融资租赁等筹资方式。

（一）向银行借款筹资

向银行借款是企业根据借款合同从有关银行或非银行金融机构借入所需资金的一种筹资方式。

1. 银行借款的类型

（1）按借款期限的不同，银行借款可分为短期借款、中期借款和长期借款。短期借款是指借款期限在1年以内（含1年）的借款。中期借款是指借款期限在1年以上（不含1年）5年以下（含5年）的借款。长期借款是指借款期限在5年以上（不含5年）的借款。

（2）按提供借款的机构的不同，银行借款可分为以下类型：

第一，从政策性银行取得的政策性银行贷款。政策性银行贷款是指执行国家政策性贷款业务的银行向企业发放的贷款，通常为长期借款，如国家开发银行发放的贷款、中国农业发展银行发放的贷款、中国进出口银行发放的贷款等。向政策性银行借款的利率较优惠，贷款期限较长。

第二，从商业银行取得的商业银行贷款。商业银行贷款是指由各商业银行向工商企业发放的贷款，主要是为了满足企业生产经营的资金需要，包括短期贷款和长期贷款。

第三，从其他金融机构取得的贷款。其他金融机构贷款是指从非银行金融机构（如信托投资公司）取得的实物或货币形式的信托投资贷款，从财务公司取得的各种中长期贷款，从保险公司取得的贷款等。

（3）按有无担保，银行借款可分为信用借款和担保借款。信用借款是指以借款人的信用或保证人的信用为依据而获得的借款，企业取得这种借款，无须以财产做抵押。担保借款是由借款人或第三方依法提供保证责任、质押物或抵押物而获得的借款，包括保证贷款、质押贷款和抵押贷款。

（4）按借款用途的不同，银行借款可分为基本建设借款、专项借款和流动资金借款。基本建设借款是指企业因从事新建、改建、扩建等基本建设项目需要资金，而向银行申请借入的款项。基本建设借款主要用于固定资产的更新改造等，具有期限长、利率高的特点。流动资金借款是指企业为了满足流动资金的需求而向银行申请借入的款项，包括流动基金借款、生产周转借款、临时借款、结算借款和卖方信贷。专项借款是指企业因为专门用途而向银行申请借入的款项，如大修理借款。

2. 向银行借款的信用条件

向银行借款的一般程序是：企业提出借款申请，填写"借款申请书"—银行审查借款申请—双方签订借款合同—企业取得借款—企业还本付息。银行在发放贷款时往往要附加一些信用条件，这些信用条件主要有以下几个方面：

（1）信贷额度（贷款限额）。信贷限额是银行对借款人规定的无担保贷款的最高额。信贷限额的有效期限通常为1年，但根据情况也可延期1年。一般来讲，企业在批准的信贷限额内，可随时向银行借款。但是，银行并不承担必须提供全部信贷限额的义务。如果企业信誉恶化，即使银行曾同意过按信贷限额提供贷款，企业也可能得不到借款。这时，银行不会承担法律责任。

（2）周转信贷协定。周转信贷协定是指银行具有法律义务地承诺提供不超过某一最高限额的贷款协定。在协定的有效期内，银行必须满足企业在任何时候提出的借款要求。企业享用周转信贷协定，必须对贷款限额的未使用部分向银行支付一笔承诺费，这实际上是提高了企业的借款利率。

（3）补偿性余额。补偿性余额是指银行要求借款人在银行中保留按借款限额或实际借用额的一定百分比计算的最低存款余额。企业在使用资金的过程中，必须始终保持一定的补偿性余额在银行存款的账户上。这实际上增加了借款企业的利息，提高了借款的实际利率，加重了企业的财务负担。

（4）借款抵押。除信用借款以外，银行向财务风险大、信誉不好的企业发放贷款时，往往需要企业以抵押品作为借款的担保，以减少自身蒙受损失的风险。抵押品通常是借款企业的应收账款、存货、股票、债券及房屋等。银行接受抵押品后，将根据抵押品的账面价值决定发放贷款的金额，一般为抵押品账面价值的30%～50%。企业接受抵押借款后，其抵押财产的使用及将来的借款能力都会受到限制。

（5）偿还条件。无论何种贷款，一般会规定还款期限。根据我国金融制度的规定，贷款到期后仍无力偿还的，视为逾期贷款，银行要照章加收逾期罚息。贷款的偿还有到期一次还清和在贷款期内定期等额偿还两种方式。企业一般不希望采取后一种方式，因为这样会提高贷款的实际利率。

（6）以实际交易为贷款条件。当具有经营性临时资金需求时，企业可以向银行借款以满足需求。银行以企业的实际交易额为贷款基础，单独立项，单独审批，最后确定贷款的相应条件和信用保证。对这种一次性借款，银行要对借款人的信用状况、经营情况进行个别评价，然后才能确定贷款的利息率、期限和数量。

（7）保护性信用条款。与银行签订的借款合同中会有一些保护性条款，这些保护性条款通常分为以下三类：

第一，例行性保护条款。这类条款作为例行常规，在大多数合同中都会出现，如定期向贷款机构提交财务报表等。

第二，一般性保护条款。这类条款是对企业资产的流动性及偿债能力等方面进行要求的条款。这类条款应用于大多数借款合同中，如要求企业必须至少保持最低数额的营运资金和最低流动比率、限制非经营性支出等。

第三，特殊性保护条款。这类条款是针对特殊情况而出现在部分借款合同中的条款，只有在特殊情况下才能生效，如贷款专款专用，不准企业投资于短期内不能收回资金的项目；限制企业高级职员的薪金和奖金总额；要求企业主要领导在合同有效期间担任领导职务；要求企业主要领导购买人身保险等。

3. 银行短期借款利息支付方法

（1）利随本清法。利随本清法又称收款法，即在短期借款到期时向银行一次性支付利息和本金。在这种方法下，借款的实际利率等于名义利率。

（2）贴现法。贴现法是银行向企业发放贷款时，先从本金中扣除利息部分，而到期时借款企业再偿还全部本金的方法。在这种方法下，借款的实际利率高于名义利率。

（3）加息法。加息法是银行发放分期等额偿还贷款时采用的利息收取方法。在分期等额偿还贷款的情况下，银行要将根据名义利率计算的利息加到贷款本金上，计算出贷款的本息和，要求企业在贷款期内分期偿还本息之和。由于贷款要分期等额偿还，因此借款企业实际上只平均使用了贷款本金的半数，却支付了全额利息。这样，企业所负担的实际利率便高于名义利率大约一倍。

4.向银行借款筹资的优点与缺点

（1）向银行借款筹资的优点

第一，向银行借款筹资与发行股票、债券等筹资方式相比，借款手续简便、耗时少，筹资速度快。

第二，向银行借款筹资的成本较低。同样是长期资金，长期借款融资的成本比股票融资的成本要低，因为长期借款利息可在所得税前列支，从而减少了企业实际负担的成本。与债券融资相比，长期借款利率一般低于债券利率，借款筹资的费用也较少。

第三，向银行借款筹资具有灵活性。借款时，企业与银行直接交涉，有关条件可谈判确定；用款期间，企业如因财务状况发生某些变动，也可与银行再协商。因此，向银行借款筹资对企业而言具有较大的灵活性。

第四，向银行借款筹资易于保守企业机密。向银行借款，可以避免向公众提供公开的财务信息，有利于减少企业财务信息的披露面，对保守企业的财务秘密有益。

（2）向银行借款筹资的缺点

第一,向银行借款,企业必须按期还本付息,偿债压力大,财务风险较高。

第二，银行为了保证贷款的安全性，往往会附加很多限制性条款，从而制约了企业对资金的自主使用和调配。

第三，银行出于对风险的控制，一般会对企业借款的数额进行限制，不像发行股票、债券那样，可一次性筹集大量资金。

（二）发行债券筹资

债券是债券发行者为筹集资金而发行的到期还本付息的有价证券，也是债权人按规定取得固定利息和到期收回本金的债权证书。企业发行的债券称为企业债券或公司债券。企业债券是企业依照法定程序发行的、约定在一定期限内还本付息的有价证券，发行债券是企业筹集债权资本的重要方式。

1. 债券的要素

（1）债券的面值。债券的面值包括两个基本内容：一是币种；二是票面金额。币种可用本国货币，也可用外币，这取决于发行者的需要和债券的种类。票面金额是债券到期时企业需要偿还债务的金额，它印在债券上，固定不变，到期必须足额偿还。

（2）债券的期限。债券有明确的到期日，债券从发行日起至到期日之间的时间称为债券的期限。在债券的期限内，企业必须定期支付利息；债券到期时，企业必须偿还本金。

（3）债券的利率及利息。债券上通常载明利率，一般为固定利率，也有少数是浮动利率。债券的利率为年利率，面值与利率相乘可得出年利息。

（4）债券的价格。理论上，债券的面值就是它的价格。但在实际操作中，由于发行者的要求或资金市场上的供求关系、利率的变化，债券的市场价格常常脱离它的面值，但差额并不大。发行者计算利息、偿付本金都以债券的面值为依据，而不以价格为依据。

2. 债券的分类

（1）债券按是否记名，可分为记名债券和不记名债券。记名债券是指企业发行债券时，债券购买者的姓名和地址在发行债券企业登记的一种债券。偿付本息时，按名册付款。这种债券的优点是比较安全，缺点是转让时手续比较复杂。不记名债券即带有息票的债券。企业在发行这种债券时，无须登记购买者的名字，持有人凭息票领取到期利息，凭到期债券收回本金。不记名债券转让时即刻生效，无须背书，因此比较方便。

（2）债券按有无抵押担保，可分为信用债券和抵押债券。信用债券是无抵押担保的债券，是仅凭发行者的信誉发行的。由于这种债券无抵押，只作为保证，因此债券持有者要承担一定的风险。同时，这种债券的利率往往高于有抵押担保的债券利率。抵押债券是以一定的抵押品作为抵押才能发行的债券，这种债券在国外比较常见。抵押债券按抵押品的不同，又可分为不动产抵押债券、动产抵押债券和证券抵押债券。如果债券到期不能偿还，持券人有权拍卖抵押品作为补偿。

（3）债券按能否转换，可分为可转换债券和不可转换债券。可转换债券是指根据发行契约，允许持券人按预定的条件、时间和转换率将持有的债券转换为企业普通股的债券。企业应当按照转换办法向债券持有人换发股票，但债券持有人对转换股票或者不转换股票有选择权。不可转换债券是指不享有将债券转换为股票权利的债券。

（4）债券按利率确定方式的不同，可分为固定利率债券和浮动利率债券。固定利率债券是指在发行时规定利率在整个偿还期内不变的债券。浮动利率债券是指在发行时规定债券利率随市场利率定期浮动的债券，其利率通常根据市场基准利率加上一定的利差来确定。浮动利率债券往往是中长期债券。由于利率可以随着市场利率浮动，因此发行浮动利率债券可以有效规避利率风险。

（5）债券按能否提前收兑，可分为可提前收兑债券和不可提前收兑债券。可提前收兑债券是指企业按照发行时的条款规定，依一定条件和价格在企业认为合适的时间收回债券。这类债券的优点在于：当利率降低时，企业可用"以新换旧"的办法，收回已发行的利率较高的债券，代之以新的、利率相对较低的债券，以降低债务成本。不可提前收兑债券是指不能从债权人手中提前收回的债券，它只能在证券市场上按市场价格买回，或等到债券到期后收回。

此外，债券还可按偿还期限分为长期债券、中期债券、短期债券；按计息方式分为贴息债券、零息债券、附息债券；按发行方式分为公募债券和私募债券等。

3. 债券的发行

（1）债券的发行方式。债券的发行可采取公募发行和私募发行两种方式。

第一，公募发行，是以非特定的多数投资者为募集对象，向众多投资者发行债券的方式。公募发行可筹集较多的资金，提高发行者在债券市场上的知名度。公募发行的优点是：债券利率较低，可以公开上市交易，有较好的流动性。公募发行的缺点是：发行费用较高，发行时间较长。

第二，私募发行，是以特定的少数投资者为募集对象发行债券的方式。私募发行的优点是：能节约发行费用，并且缩短发行时间，限制条件较少。私募发行的缺点是：需要向投资者提供高于公募债券的利率，债券一般不能上市交易，缺乏流动性，且债务集中于少数债权人手中，发行者的经营管理容易受到干预。

（2）债券的发行价格。决定债券发行价格的因素和确定债券发行价格的方法为：

第一，决定债券发行价格的因素。债券发行价格的高低，主要取决于以下四个因素：一是债券面额。一般而言，债券面额越大，发行价格越高。二是票面利率。债券的票面利率越高，发行价格也越高，反之，发行价格就越低。三是市场利率。债券发行时的市场利率越高，债券的发行价格就越低，反之，发行价格就越高。四是债券期限。债券期限越长，债权人的风险越大，要求的利息报酬就越高，债券的发行价格就可能较低，反之，发行价格就可能较高。此外，债券利息的支付方式也在一定程度上影响债券的发行价格。

第二，确定债券发行价格的方法。在实务中，债券的发行价格通常有三种情况，即等价、溢价、折价。等价是指以债券的票面金额作为发行价格，多数企业债券采用等价发行；溢价是指按高于债券票面金额的价格发行债券；折价是指按低于债券票面金额的价格发行债券。

4.债券的收回与偿还

（1）收回条款。一些企业在发行债券的契约中规定了收回条款，即企业在债券到期日之前可以用特定的价格收回债券。具有收回条款的债券使企业的融资具有较大的弹性。企业资金有结余或预测市场利率将下降时，企业都可以收回债券，然后以较低的利率发行新债券。

（2）偿债基金。一些企业在发行债券的契约中规定了偿债基金，即要求企业每年提取固定的偿债基金，以便顺利偿还债券。偿债基金根据企业每年的销售额或盈利计算。

（3）分批偿还。一些企业在发行债券时，为不同编号或不同发行对象的债券规定了不同的到期日。这种到期日不同的债券，其利率和发行价格也不同，便于投资者选择最合适的到期日，因而便于发行。

（4）新债券换旧债券。企业可以根据需要，以发行新债券来调换一次或多次发行的旧债券。企业之所以要进行债券的调换，一般有以下原因：一是原有债券的契约中订有较多的限制条款，不利于企业的发展；二是将多次发行、尚未彻底偿清的债券进行合并，以减少管理费；三是有的债券到期，但企业现金不足，只能借新债还旧债。

（5）将债券转换成普通股。企业通过发行可转换债券的方式将债券转换为普通股来收回债券。

（6）到期一次以现金偿还。我国发行的债券多数采用这种方式。债券到期日的前三天，债券发行人应将兑付现金划入指定的账户，用于债券的偿还。

5. 发行债券筹资的优点和缺点

（1）发行债券筹资的优点

第一，发行债券筹资的资金成本相对较低。与股票的股利相比，债券的利息允许在所得税前支付，发行企业可享受税收优惠，因此企业实际负担的债券成本一般低于股票成本。

第二，发行债券筹资可发挥财务杠杆作用。无论发行债券的企业的盈利有多少，债券持有人一般只收取固定的利息，而更多的收益可分配给股东或留存于企业用于生产经营，从而增加了股东和企业的财富。

第三，发行债券筹资有利于保障股东对企业的控制权。债券持有者无权参与企业的管理决策，因此通过发行债券筹资，既不会稀释股东对企业的控制权，又能扩大企业的投资规模。

第四，发行债券筹资有利于调整资本结构。企业在决定债券发行种类时，如果适时选择可转换债券或可提前收兑债券，则对企业主动调整其资本结构十分有利。

（2）发行债券筹资的缺点

第一，债券有固定的到期日，并且定期支付利息，无论企业经营好坏都要偿还，筹资风险较高。

第二，债券发行契约书上的限制条款比优先股和短期债务严格得多，可能会影响企业以后的发展或筹资能力。

第三，企业发行债券筹资要受企业资质及相关条件的约束，筹资额有限。

（三）融资租赁筹资

融资租赁是由租赁公司按承租单位要求出资购买设备，在较长的契约或合同期内提供给承租单位使用的一种信用业务。融资租赁是以融通资金为主要目的的租赁。一般借贷的对象是资金，而融资租赁的对象是实物，融资租赁是融资与融物的结合。

1. 融资租赁的特点

第一，融资租赁一般涉及三方当事人，即出租人、承租人和供应商。

第二，融资租赁需要签订两个或两个以上的合同，即融资租赁合同、买卖合同、担保合同等。

第三，由承租人选定租赁物件和供货商。

第四，出租人不承担租赁物的瑕疵责任，可在一次租期内完全收回投资并营利。

第五，融资租赁的标的物是特定设备，承租人也是特定的，因此租赁合同一般情况下不能中途解约。

第六，租赁期满后，承租人一般对设备有留购、续租和退租三种选择（在融资租赁交易中，承租人对租赁物几乎都要留购）。

2. 融资租赁的形式

融资租赁按其业务的不同特点，可分为以下形式：

（1）直接租赁。直接租赁是融资租赁的典型形式，通常所说的融资租赁就是指直接租赁。

（2）售后租回。在这种形式下，制造企业按照协议先将其资产卖给租赁公司，再作为承租企业将所售资产租回使用，并按期向租赁公司支付租金。

（3）杠杆租赁。杠杆租赁是国际上比较流行的一种融资租赁形式。它一般涉及承租人、出租人和贷款人三方当事人。从承租人的角度来看，它与其他融资租赁形式并无区别，同样是按合同的规定，在租期内获得资产的使用权，按期支付租金。但其对出租人却不同，出租人只垫支购买资产所需现金的一部分（一般为20% ~ 40%），其余部分则以该资产为担保向贷款人借资支付。因此，在这种情况下，租赁公司既是出租人又是借资人，既要收取租金又要支付债务。由于这种融资租赁形式的租赁收益一般大于借款成本支出，出租人借款购物出租可获得财务杠杆利益，因此被称为杠杆租赁。

3. 融资租赁的程序

（1）选择租赁公司。企业决定采用租赁方式获取某种设备时，首先要了解各家租赁公司的经营范围、业务能力、资信情况，以及与其他金融机构（如银行）的关系，在取得各家租赁公司的资料后加以比较，从中择优选择。

（2）办理租赁委托。企业选定租赁公司后，便可向其提出申请，办理委托。这时，承租企业需要填写"租赁申请书"，说明所需设备的具体要求，同时要向租赁公司提供能反映企业财务状况的文件，包括资产负债表、利润表和现金流量。

（3）签订购货协议。由承租企业和租赁公司的一方或双方合作选定设备制造厂商，并与其进行技术与商务谈判，在此基础上签署购货协议。

（4）签订租赁合同。租赁合同由承租企业与租赁公司签订，它是租赁业务的重要文件，具有法律效力。融资租赁合同的内容可分为一般条款和特殊条款两部分。

（5）办理验货、付款与保险。承租企业按购货协议收到租赁设备时，要进行验收。验收合格后签发交货及验收证书，并提交给租赁公司，租赁公司据此向供应厂商支付设备价款。同时，承租企业要与保险公司办理投保事宜。

（6）支付租金。承租企业应在租期内按合同规定的租金数额、支付方式向租赁公司支付租金。

（7）合同期满处理设备。融资租赁合同期满时，承租企业应按租赁合同的规定，对设备退租、续租或留购。租赁期满的设备通常都以低价卖给承租企业或无偿赠送给承租企业。

4. 融资租赁租金构成

在融资租赁方式下，承租企业需要按合同规定向租赁公司支付租金。租金的数额和支付方式对承租企业未来的财务状况具有直接的影响，这也是融资租赁决策的重要依据。从出租人的角度来看，购置设备需要支付一定的代价，并以此来取得收益。这些代价或收益都需要通过租金收入来补偿或取得。因此，租金的构成主要包括：一是租赁设备的购置成本，即设备价款，包括设备的买价、运杂费和运输保险费等；二是预计设备的残值，即设备租赁期满时预计的可变现净值；三是利息，即租赁公司为承租企业购置设备进行融资而应计的利息；四是租赁手续费，包括租赁公司承办租赁设备的营业费用以及一定的盈利。

5. 融资租赁租金支付方式

融资租赁的租金通常采用分期支付的方式，具体类型有：按支付间隔期的长短，可以分为年付、半年付、季付和月付等方式；按支付时间的先后，可以分为先付租金和后付租金两种；按每期支付金额的多少，可以分为等额支付和不等额支付两种。

6. 融资租赁筹资的优点与缺点

（1）融资租赁筹资的优点

第一，融资租赁能迅速获得所需资产。融资租赁集"融资"与"融物"于一身，往往比借款购置设备更迅速，可以使企业尽快形成生产经营能力。

第二，融资租赁的限制条件较少。企业运用股票、债券、长期借款等筹资方式都会受到相当多的资格条件限制。相比之下，融资租赁的限制条件较少。

第三，免遭设备陈旧过时的风险。随着科学技术的不断进步，固定资产的更新周期日趋缩短，企业设备陈旧过时的风险高，相对于自己拥有设备而言，融资租赁可降低这种风险。因为，融资租赁的期限一般为资产使用年限的75%以上，不会像自己购买设备那样在整个期间都承担风险，并且许多租赁协议都规定由出租人承担设备陈旧过时的风险。

第四，融资租赁到期还本的负担轻。租金在整个租期内分期支付，不用到期归还大量本金。许多借款都需要在到期日一次偿还本金，这会给财务基础较弱的企业带来相当大的压力，有时还会面临不能偿付的风险，而融资租赁则把这种风险分摊在整个租期内，可适当减少不能偿付的风险。

第五，融资租赁的税收负担轻。

第六，融资租赁可提供一种新的资金来源。

（2）融资租赁筹资的缺点

融资租赁的主要缺点是资金成本高，融资租赁通常比向银行借款或发行债券所负担的利息高得多，而且租金总额通常要高于设备价值的30%。承租企业在财务困难时期，支付固定的租金也将构成一项沉重的负担。若承租企业不享有设备残值，那么这也是一种损失。

第二节 财务投资管理模式

企业创造价值的基本要求是其必须具有能够满足生产经营所需的各种条件，而这些条件的构建或准备，必然涉及如何既满足需要又付出的代价最小，投资管理就是要解决此问题。在企业的各种决策中，投资决策是一项重要的决策。投资决定企业日常经营活动的特点和方式，决定着企业的发展前景，因此，制定投资方案和评价方案的工作需要企业所有管理人员的共同努力才能取得满意的效果。

投资是特定经济主体以本金回收并获利为基本目的，将货币、实物资产等作为资本投放于某一个具体对象，为了在未来较长时间内获取预期经济利益的经济行为。简言之，企业投资是企业为获取未来长期收益而向一定对象投放资金的经济行为。例如，建造厂房、兴建电站、购买股票债券等经济行为，均属于投资行为。

一、投资的意义与类型

（一）投资的意义

企业通过投资配置资产，能够形成生产经营能力，取得未来的经济利益。

第一，投资是企业生存与发展的基本前提。企业的生产经营活动是企业资产的运用和资产形态的转换过程。投资是一种资本支出的行为，通过投资支出，企业构建流动资产和长期资产，形成生产条件和生产能力。实际上，无论是新设一个企业，还是建造一条生产线，都是一种投资行为。通过投资，确立企业的经营方向，配置企业所需的各类资产，并将它们有机地结合起来，形成企业的综合生产经营能力。如果企业想要进入一个新兴行业，或者开发一种新产品，都需要先行投资。因此，投资决策的正确与否，直接关系到企业的兴衰成败。

第二，投资是企业获得利润的基本前提。企业投资目的的实现，须通过预先垫付一定数量的货币或实物形态的资本，通过构建和配置形成企业的各类资产，从事某项经营活动，以获取未来的经济利益。通过投资形成企业生产经营能力，使企业得以开展具体的经营活动，获取经营利润。那些以购买股票、证券等有价证券方式向其他企业的投资，可以通过取得股利或债息来获取投资收益，也可以通过转让证券来获取资本利得。

第三，投资是控制企业风险的重要手段。企业经营面临的风险，有的来自市场竞争，有的来自资金周转以及原材料涨价、费用升高等情况。通过投资，可以将资金投向企业生产经营的薄弱环节，使企业的生产经营能力配套、平衡、协调。通过投资，可以实现多元化经营，将资金投放于与经营相关程度较低的不同产品或不同行业，分散风险，稳定收益来源，降低资产的流动性风险、变现风险，增强资产的安全性。

（二）投资的类型

对企业的投资进行科学的分类，有利于分清投资的性质，按不同的特点和要求进行投资决策，加强投资管理。

1. 直接投资和间接投资

按投资活动与企业本身的生产经营活动的关系，投资可分为直接投资和间接投资。

直接投资是将资金直接投放于形成生产经营能力的实体性资产、直接谋取经营利润的企业投资。企业通过直接投资，购买并配置劳动力、劳动资料和劳动对象等具体的生产要素，开展生产经营活动。直接投资的主要形式有：第一，投资者开办独资企业等，并独自经营；第二，与其他企业合作开办合资企业，从而取得各种直接经营企业的权利，并派人员进行管理或参与管理；第三，投资者投入资本，不参与经营，必要时派人员任顾问或指导；第四，投资者在股票市场上买入其他企业一定数量的股票，通过股权获得全部或相当部分的经营权，从而达到收购该企业的目的。

间接投资是将资金投放于股票、债券等权益性资产上的企业投资。之所以称为间接投资，是因为股票、债券的发行方在筹集资金后，再把这些资金投放于形成生产经营能力的实体性资产，获取经营利润。而间接投资方不直接介入具体生产经营过程,而是通过股票、债券上所约定的收益分配权利,获取股利或利息收入,分享投资的经营利润。

2. 项目投资和证券投资

按投资对象的存在形态和性质,投资可分为项目投资和证券投资。

项目投资是指企业可以通过投资,购买具有实质内涵的经营资产,包括有形资产和无形资产,从而形成具体的生产经营能力,开展实质性的生产经营活动,谋取经营利润。项目投资的目的在于改善生产条件、扩大生产能力,以获取更多的经营利润。项目投资属于直接投资。

证券投资是指企业可以通过投资,购买具有权益性的证券资产,通过证券资产上所赋予的权利,间接控制被投资企业的生产经营活动,获取投资收益。这类投资,即购买属于综合生产要素的权益性权利资产的企业投资。

证券是一种金融资产,即以经济合同契约为基本内容、以凭证票据等书面文件为存在形式的权利性资产。例如,债券投资代表的是未来按契约规定收取债息和收回本金的权利,股票投资代表的是对发行股票企业的经营控制权、财务控制权、收益分配权、剩余财产追索权等股东权利。证券投资的目的在于通过持有权益性证券,获取投资收益或控制其他企业的财务或经营政策,并不直接参与具体生产经营活动。因此,证券投资属于间接投资。

直接投资和间接投资、项目投资和证券投资,两种投资分类方式的内涵和范围是一致的,只是分类角度不同。直接投资和间接投资强调的是投资的方式性,项目投资和证券投资强调的是投资的对象性。

3. 发展性投资和维持性投资

按投资活动对企业未来生产经营前景的影响,投资可分为发展性投资和维持性投资。

发展性投资是对企业未来的生产经营发展全局有重大影响的企业投资。发展性投资也可以称为战略性投资，如企业间兼并合并的投资、转换新行业和开发新产品的投资、大幅度扩大生产规模的投资等。发展性投资项目实施后，往往可以改变企业的经营方向和经营领域，或者明显地提高企业的生产经营能力，或者实现企业的战略重组。

维持性投资是为了维持企业现有的生产经营正常顺利进行，不会改变企业未来生产经营发展全局的企业投资。维持性投资也可以称为战术性投资，如更新替换旧设备的投资、配套流动资金的投资、革新生产技术的投资等。维持性投资所需要的资金比较少，对企业生产经营的前景影响不大，投资风险相对也较小。

4. 对内投资和对外投资

按资金投出的方向，投资可分为对内投资和对外投资。

对内投资是在本企业范围内的资金投放，用于购买和配置各种生产经营所需的经营性资产。对内投资都是直接投资。

对外投资是向本企业范围以外的其他企业的资金投放。对外投资多以现金、有形资产、无形资产等形式，通过联合经营、合作经营换取股权、购买证券等投资方式，向企业外部其他企业投放资金。对外投资主要是间接投资，也可能是直接投资。

5. 独立投资和互斥投资

按投资项目之间的相互关系，投资可分为独立投资和互斥投资。

独立投资是指各个投资项目之间互不关联、互不影响，可以同时并存的投资。独立投资是相容性投资，如建造一个饮料厂和建造一个纺织厂，它们之间并不冲突，可以同时进行。对于一个独立投资项目而言，其他投资项目被采纳或放弃，对本项目的决策并无显著影响。因此，独立投资项目决策考虑的是投资方案本身是否满足某种决策标准。例如，可以规定凡提交决策的投资方案，其预期投资报酬率都要达到20%才能被采纳。这里，预期投资报酬率达到20%，就是一种预期的决策标准。

互斥投资是指各个投资项目之间相互关联、相互替代，不能同时并存，只能选择其中之一的投资。互斥投资是非相容性投资，如对企业现有设备进行更新，购买新设备就必须处置旧设备，它们之间是互斥的。对于一个互斥投资项目而言，其他投资项目被采纳或放弃，会直接影响本项目的决策，其他项目被采纳，本项目就不能被采纳。因此，互斥投资项目决策考虑的是各投资方案之间的排斥性，也许每个方案都是可行方案，但互斥决策需要从中选择最优方案。

二、财务投资的主要特点

企业的投资活动与经营活动是有差别的，投资活动的结果对企业的经济利益有较长期的影响。企业投资涉及的资金多、经历的时间长，对企业未来的财务状况和经营活动都有较大的影响。与日常经营活动相比，财务投资的主要特点有以下几个方面：

（一）投资是企业的战略性决策

企业的投资活动一般涉及企业未来的经营发展方向、生产能力及规模等问题，如厂房设备的新建与更新、新产品的研制与开发、对其他企业的股权控制等。劳动力、劳动资料和劳动对象，是企业的生产要素，是其进行生产经营活动的前提条件。企业投资主要涉及生产经营所需的固定资产的构建、无形资产的获取等劳动资料的获取。企业投资的对象也可能是生产要素综合体，即对另一个企业股权的取得和控制。这些投资活动，直接影响企业未来的经营发展规模和方向，是企业生产得以顺利进行并扩大再生产的前提条件。企业的投资活动先于经营活动，这些投资活动往往需要一次性地投入大量的资金，并在较长的一段时期内发生作用，对企业生产经营活动的方向产生重大影响。

（二）投资是企业的非程序化管理

企业有一些经济活动是日常重复进行的，如购买原材料、雇用员工、制造与销售产品等，称为日常的例行性活动。这类活动经常性地重复发生，有一定的规律，可以按既定的程序和步骤进行，对这类重复性日常经营活动的管理，称为程序化管理。企业有一些经济活动往往不是经常性地重复出现，如新产品的开发、设备的更新、企业兼并等，称为非例行性活动。非例行性活动只能针对具体问题，按特定的影响因素、相关条件和具体要求进行审查和抉择。对这类非重复性特定经济活动的管理，称为非程序化管理。

企业的投资项目涉及的资金数额较大，对这些项目的管理，不仅是投资问题，也是资金筹集问题。特别是购买设备形成生产能力、对其他关联企业的并购等，需要大量的资金。对于一个产品制造或商品流通的实体性企业而言，这种筹资和投资不会经常发生。

企业的投资项目产生影响的时间长。这些投资项目投入使用后，将形成企业的生产条件和生产能力，这些生产条件和生产能力的使用期限长，将在企业多个经营周期内直接发挥作用，也将间接影响日常经营活动中流动资产的配置与分布。

企业的投资活动是不经常发生的，有一次性和独特性的特点，投资管理属于非程序化管理。每一次投资的背景、特点、要求等都不一样，无明显的规律可遵循，管理时需要周密思考、慎重决策。

（三）投资价值的波动性大

投资项目的价值，是由投资的标的物资产的内在获利能力决定的。这些标的物资产的形态是不断转换的，未来收益的获得具有较大的不确定性，其价值也具有较大的波动性。同时，各种外部因素，如市场利率、物价等的变化，也时刻影响着投资标的物的价值。

因此，企业在投资管理决策时，要充分考虑投资项目的时间价值和风险价值。企业投资项目的变现能力是不强的，因为其投放的标的物大多是机器设备等变现能力较差的长期资产，这些资产的持有目的也不是为了变现，并不准备在1年或超过1年的一个营业周期内变现。因此，投资项目的价值也是不易确定的。

三、财务投资管理的原则

为了适应投资项目的特点和要求，实现投资管理的目标，做出合理的投资决策，需要遵循财务投资管理的基本原则，以保证投资活动顺利进行。

（一）投资管理的可行性分析原则

投资项目的金额大，资金占用时间长，一旦投资后具有不可逆转性，对企业的财务状况和经营前景影响重大。因此，在投资决策时，必须建立严格的投资决策程序，进行科学的可行性分析。

项目可行性分析是对项目实施后未来的运行和发展前景进行预测，通过定性分析和定量分析来比较项目的优劣，为投资决策提供参考。投资项目可行性分析是投资管理的重要组成部分，其主要任务是对投资项目实施的可行性进行科学的论证，主要包括环境可行性分析、技术可行性分析、市场可行性分析、财务可行性分析等方面。

环境可行性分析要求投资项目对环境的不利影响最小，并能带来有利影响，包括对自然环境、社会环境和生态环境的影响。尤其要关注国家对环境影响程度有明确规定的项目。例如，建设项目的环境影响报告书应当包括以下内容：建设项目概况；建设项目周围环境现状；建设项目对环境可能造成影响的分析、预测和评估；建设项目环境保护措施及其技术、经济论证；建设项目对环境影响的经济损益分析；对建设项目实施环境监测的建议；环境影响评价的结论。建设项目的环境影响评价属于否决性指标，凡未开展或没通过环境影响评价的建设项目，无论其经济可行性和财务可行性如何，一律不得通过。

技术可行性分析要求投资项目形成的生产经营能力，具有技术上的适应性和先进性，包括工艺、装备、地址等。

市场可行性分析要求投资项目形成的产品能够被市场所接受，占据一定的市场份额，进而才能带来经济上的效益性。

财务可行性分析要求投资项目在经济上具有效益性，这种效益性是明显的、长期的。

财务可行性分析是投资项目可行性分析的主要内容，因为投资项目的根本目的是获得经济效益，市场可行性分析和技术可行性分析的落脚点也

47

是获得经济效益,项目实施后的业绩绝大部分表现在价值化的财务指标上。财务可行性分析是在相关的环境、技术、市场可行性分析完成的前提下,着重围绕技术可行性和市场可行性进行的专门经济性评价。财务可行性分析的主要内容包括:收入、费用和利润等经营成果指标的分析;资产、负债、所有者权益等财务状况指标的分析;资金筹集和配置的分析;资金流转和回收等资金运行过程的分析;项目现金流量、净现值、内含报酬率等项目经济性效益指标的分析;项目收益与风险关系的分析;等等。

(二)投资管理的结构平衡原则

由于投资往往是一个综合性的项目,不仅涉及固定资产等生产能力和生产条件的构建,还涉及使生产能力和生产条件正常发挥作用所需要的流动资产的配置。同时,由于受资金来源的限制,投资也常常会遇到资金需求超过资金供给的矛盾。如何合理配置资源,使有限的资金发挥最大的效用,是投资管理中资金投放所面临的重要问题。资金既要投放于主要生产设备,又要投放于辅助设备;既要满足长期资产的需要,又要满足流动资产的需要。投资项目在资金投放时需要遵循结构平衡的原则,合理处各方面的关系,具体包括:固定资金与流动资金的配套关系、生产能力与经营规模的平衡关系、资金来源与资金运用的匹配关系、投资进度和资金供应的协调关系、流动资产内部的资产结构关系、发展性投资与维持性投资的配合关系、对内投资与对外投资的顺序关系、直接投资与间接投资的分布关系等。

投资项目在实施后,资金就会长期地固化在具体项目上,退出和转向都不太容易。只有遵循结构平衡的原则,投资项目实施后才能正常顺利地运行,才能避免资源的闲置和浪费。

（三）投资管理的动态监控原则

投资的动态监控是对投资项目实施过程中的进程控制，特别是对于那些工程量大、工期长的建造项目而言，有具体的投资过程，需要按工程预算实施有效的动态投资控制。

投资项目的工程预算，是对总投资中各工程项目以及所包含的分步工程和单位工程造价规划的财务计划。建设性投资项目应当按工程进度，对分项工程、分步工程、单位工程的完成情况，逐步进行资金拨付和资金结算，控制工程的资金耗费，防止资金浪费。在项目建设完工后，通过工程决算，全面清点所建造的资产数额和种类，分析工程造价的合理性，合理确定工程资产的账面价值。

对于间接投资特别是证券投资而言，投资前须认真分析投资对象的投资价值，根据风险与收益均衡原则合理选择投资对象。在持有金融资产的过程中，需要广泛收集投资对象和资本市场的相关信息，全面了解被投资对象的财务状况和经营成果，保护自身的投资权益。有价证券类的金融资产投资，其投资价值不仅由被投资对象的经营业绩决定，还受资本市场的制约。这就需要分析资本市场上资本的供求关系，预计市场利率的波动和变化趋势，动态地估算投资价值，寻找转让证券资产和收回投资的最佳时机。

第三节　财务营运资金管理模式

一、营运资金及其管理原则

营运资金也叫作营运资本。广义的营运资金又称总营运资本,是指企业生产经营活动中占用在流动资产上的资金,具体包括现金、交易性金融资产(有价证券)、应收账款以及存货等占用的资金。狭义的营运资金是指某时点内企业的流动资产与流动负债的差额。因此,营运资金的管理既包括流动资产的管理,也包括流动负债的管理。

(一)营运资金的特点

营运资金的特点可以通过流动资产和流动负债的特点体现出来。

1. 流动资产的特点

与固定资产相比,流动资产具有以下几方面的特点:

(1)投资回收期短。投资于流动资产的资金一般在1年或一个营业周期内收回,相对于固定资产而言,流动资产的周转期较短,周转速度较快,对企业产生影响的时间比较短。

(2)流动性强。流动资产的流动性与其变现能力相关。流动资产在循环周转过程中,经过供、产、销三个阶段,其占用形态不断发生变化,因此具有较强的变现能力。如果遇到意外情况,企业可迅速变卖流动资产以获取现金,这对于满足企业的临时性资金需求具有重要意义。但是,过高的流动资产占比又会降低企业的整体收益,因此流动资产数额应保持在恰当的水平上。

（3）并存性。在流动资产周转的过程中，企业每天都不断有资金流入，也有资金流出，流入和流出总要占用一定的时间，从供、产、销的某一瞬间看，各种不同形态的流动资产同时存在。因此，合理配置流动资产各项目的比例，是保证流动资产得以顺利周转的必要条件。

（4）波动性。流动资产的投资并非固定不变，随着供、产、销的变化，其资金占用时高时低，起伏不定。对于流动资产的投资管理而言，企业应该尽可能使流动资产的变动与企业的生产经营波动保持一致，以满足企业生产经营活动对资金的需要。

2. 流动负债的特点

与长期负债筹资相比，流动负债具有筹资速度快、财务弹性大、筹资成本低、偿债风险大的特点。

（1）筹资速度快。一般而言，筹集短期借款比筹集长期借款更容易，而且所需时间往往较短。

（2）财务弹性大。与长期负债相比，流动负债使企业具有较大的灵活性，企业可以根据自己的资金需要量，及时调整流动负债的数额。

（3）筹资成本低。在正常的情况下，在相同的贷款时间内，短期贷款与相应数额的长期贷款相比，所付利息要少一些。对于某些具有"自然筹资"性质的流动负债（如应付账款、应交税费等）而言，则根本没有筹资成本。

（4）偿债风险大。由于流动负债占用的时间往往比较短，因此偿债风险较大。

（二）营运资金管理原则

企业的营运资金在全部资金中占有相当大的比重，而且周转期短、形态易变，是企业财务管理工作的一项重要内容。企业财务管理的大量时间都用于营运资金的管理。企业进行营运资金管理，必须遵循以下原则：

第一，认真分析企业的生产经营状况，合理确定营运资金的数量。企业营运资金的数量与企业生产经营活动有直接关系，当企业产销两旺时，流动资产会大幅增加，流动负债也会相应增加；而当企业产销量减少时，流动资产和流动负债也会相应减少。因此，企业财务人员应认真分析生产经营状况，采用一定的方法预测营运资金的数量，以便合理使用营运资金。

第二，在保证生产经营需要的前提下，节约使用资金。在营运资金管理中，要在保证生产经营需要的前提下尽量节约使用资金，减少资金在流动资产上的占用量，挖掘资金潜力，提高资金使用效率。

第三，加速营运资金周转，提高资金的利用效果。营运资金周转是指企业的营运资金从现金投入生产经营开始，到最终通过销售收回现金的过程。在其他因素不变的情况下，加速营运资金的周转，也就提高了资金的利用效果。因此，企业要加速存货、应收账款等流动资产的周转，以便用有限的资金创造出最大的经济效益。

第四，合理安排流动资产与流动负债的比例，保证企业有足够的短期偿债能力。企业若偿债能力不足，尤其是短期偿债能力不足，不能偿还到期债务，不仅会影响企业的信誉和以后的发展，而且可能直接威胁企业的生存。如果一个企业的流动资产比较多，流动负债比较少，则说明企业的短期偿债能力较强；反之，则说明短期偿债能力较弱。但如果企业的流动资产太多，流动负债太少，也不是一种正常现象，这可能是流动资产闲置或流动负债利用不足所致。因此，在营运资金管理中，企业要合理安排流动资产和流动负债的比例关系，以便既节约使用资金，又保证企业有足够的偿债能力。

二、财务营运中的现金管理

现金，是指在生产过程中暂时停留在货币形态的资金，包括库存现金、银行存款、银行本票和银行汇票等。交易性金融资产作为现金的一种变换存在形式，目的是在保持流动性的前提下，获取一点闲置资金的收益。作为现金的替代品，交易性金融资产是一种准货币，因而在流动资产管理中，往往将其视为现金的一部分。

在企业的流动资产中，现金是流动性最强的一种资产，具有可以立即支付的特点，不仅可以用来满足生产经营开支的各种需要，而且是还本付息和履行纳税义务的保证。因此，拥有足够的现金对企业具有十分重要的意义。企业应合理安排现金的持有量，避免现金闲置，以提高资金的使用效率。

（一）企业持有现金的动机与成本

1. 企业持有现金的动机类型

现金是非收益性资产，持有量过多，企业的机会成本就会增大，资金使用效率就会降低。但为了满足以下动机的需要，企业又必须持有一定量的现金：

（1）交易动机。交易动机是指企业为了满足日常的交易活动而需要持有现金的动机,如购买原材料、支付工资、缴纳税款等。这种需要发生频繁、金额较大,是企业持有现金的主要动机。

(2)预防动机。预防动机是指企业为应对意外事件而持有现金的动机。由于市场行情瞬息万变以及其他各种不确定性因素的存在,如销售不畅、自然灾害、生产事故、主要客户未及时付款等,都会影响企业的现金收支计划。企业因预防动机所持有的现金量取决于以下因素:一是企业临时举债能力的强弱;二是企业对现金流量预测的可靠程度;三是企业愿意承担风险的程度。

(3)投机动机。投机动机是指企业为抓住一些转瞬即逝的市场投资机会来获取收益而持有现金的动机。例如,遇到有廉价原材料供应的机会,便可用手头现金大量购入;预计证券行情看涨,便可用现金购买证券等。

2. 企业持有现金的成本类型

企业持有现金的成本通常包括机会成本、转换成本、短缺成本和管理成本。

(1)机会成本。机会成本是指企业因持有现金而放弃的再投资收益。现金的机会成本属于变动成本,它与现金的持有量成正比例关系,即现金持有量越大,机会成本越高。

(2)转换成本。转换成本是指用现金购入有价证券以及转让有价证券换取现金时付出的交易费用,即现金同有价证券之间相互转换的成本,如委托买卖佣金、委托手续费、证券过户费、实物交割手续费等。严格地讲,转换成本仅指与交易金额无关而与交易次数成正比的交易费用。证券转换成本与现金持有量的关系是:在现金需求量既定的前提下,现金持有量越少,进行证券变现的次数就越多,相应的转换成本就越大;反之,现金持有量越多，进行证券变现的次数就越少，需要的转换成本就越小。

（3）短缺成本。短缺成本是指因现金持有量不足又无法及时通过有价证券变现等形式加以补充而给企业造成的损失，包括由于现金短缺而使企业的生产经营及投资受到影响所造成的损失，以及因不能及时支付而使企业蒙受的信誉损失等。短缺成本与现金持有量成反比例关系，即现金的短缺成本随着现金持有量的增加而下降，随着现金持有量的减少而上升。

（4）管理成本。管理成本是指企业因持有现金而发生的管理费用，如有关人员的工资，以及构建安全装置的费用等。管理成本通常是固定的，在一定的范围内，不会随着现金持有量的大小而变化，属于固定成本。

（二）确定最佳现金持有量

为应对各种现金支出的需要，企业必须持有一定数量的现金，但过多或过少地持有现金，对企业都是不利的。因此，企业应该确定最佳现金持有量。最佳现金持有量是指既能保证企业生产经营的需要，又能使企业获得最大收益的最低现金持有量。确定最佳现金持有量的方法有很多，这里主要分析存货分析模式和成本分析模式两种方法。

1. 存货分析模式

存货分析模式的着眼点是现金相关总成本最低，在这些成本中，管理成本因其相对稳定，同现金持有量的大小关系不大，所以在存货分析模式中将其视为与决策无关的成本。由于现金是否会发生短缺、短缺多少、概率多大以及损失如何，都存在很大的不确定性和无法计量性，因此在存货分析模式中，企业对短缺成本也不予考虑。这样，在存货分析模式中，需要考虑的只有机会成本和转换成本。机会成本和转换成本随着现金持有量的变动而呈现相反的变动趋势。这就要求企业必须合理安排现金与有价证券的分割比例,从而使机会成本与转换成本之和保持最低。换言之,能够使现金管理的机会成本与转换成本之和保持最低的现金持有量,就是最佳现金持有量。

2. 成本分析模式

成本分析模式是指在不考虑现金转换成本的情况下,通过对持有现金的成本进行分析而找出最佳现金持有量的一种方法。换言之,成本分析模式就是找出各种现金持有方案中机会成本、短缺成本和管理成本所组成的总成本之和最低的方案所对应的现金持有量,即为最佳现金持有量。这里,持有现金的机会成本可通过现金平均持有量与有价证券收益率之积确定,它与现金持有量成正比例关系;短缺成本与现金持有量成反比例关系;管理成本具有固定成本的属性,不会随着现金持有量变化。运用成本分析模式确定最佳现金持有量的具体步骤为:①根据各种可能的现金持有量测算并确定有关成本数值;②根据上一步骤的结果编制最佳现金持有量测算表;③从测算表中找出总成本最低时的现金持有量,即最佳现金持有量。

(三)现金的日常管理策略

现金的日常管理主要是对现金收支的时间加以控制,从而加快现金流转、缩短现金周转期,以保持最适宜及最少量的现金余额。其目的在于提高现金使用效率。为了达到这一目的,企业可以运用以下几个方面策略:

1. 现金流入与流出同步等量策略

从理论上来讲,企业如果能使现金收入量与流出量同时等量地发生,便可以极大地利用资金,而不需要置存现金。但实际上,这是不可能的。

企业能够切实做到的是尽可能准确地预测现金流入和流出,确定适当的现金余额,并及早采取措施,合理安排使用多余的现金或弥补现金的不足,以充分发挥现金的使用效益,保证日常经营对现金的需求。例如,企业可以合理安排购货等活动以支出现金,有效组织销售等活动以收入现金,力争使现金流入与现金流出趋于一致。这就要求企业必须做好现金流量的预测工作,并在此基础上编制相应的现金预算。此外,企业还可以辅之以适度透支政策等办法,促使这一目标得以实现。

2. 现金浮游量策略

从企业开出支票、收款人收到支票并存入银行,到银行将款项划出企业账户,中间需要一段时间,现金在这段时间的占用称为现金浮游量。此时,尽管企业已开出了支票,但由于款项并未从企业的账户上划出,因此企业仍可动用这笔资金。现金浮游量包括签发支票产生的浮游量及收入支票产生的浮游量,签发支票产生的浮游量为正浮游量,收入支票产生的浮游量为负浮游量。企业可控制好使用时间,在防止发生银行透支的前提下,利用好现金浮游量。

3. 加速收款策略

加速收款的重点是加速应收账款的回收,管理的主要内容包括结算方式的选择,以及赊销政策、信用政策、收账政策的制定等。近年来,电子商务尤其是互联网的迅速发展,使电子付款手段方便、快捷、准确,企业可鼓励客户采用电子数据交换系统(EDI)付款,以缩短结算资金在途时间。

4. 推迟应付账款的支付策略

推迟应付账款的支付是指在不影响企业信用等因素的前提下,采取延缓现金支出的办法,以最大限度地利用现金持有余额,从而提高总体资金使用效益的一种现金管理策略。具体的措施包括：①采用适当的付款方式。在有条件的情况下，尽量采用能够延缓现金实际流出时间的付款方式，如采取赊购、期票付款、商业票据付款等方式。②充分利用对方给予的信用政策和信用条件。例如，在丧失折扣的情况下，企业通常把信用期最后一天作为付款时间。

三、财务营运中的应收账款管理

应收账款是企业因对外赊销产品、材料、提供劳务及其他原因，而向购货单位或接受劳务单位及其他单位收取的款项。随着市场经济的发展，商业信用的使用日趋增多，应收账款的数额也逐渐增大，加强对应收账款的管理已成为当前流动资产管理的重要内容。

（一）应收账款的功能与成本

1. 应收账款的功能

（1）促进销售。销售产品的方式有现销和赊销两种。在市场竞争日趋激烈的情况下，赊销是促进销售的一种重要方式。通过赊销向客户提供商业信用，可以招揽更多的客户，扩大市场销售，增加市场份额，增强企业产品的竞争力，从而给企业带来更多的收益。特别是在企业产品销售不畅、市场疲软、竞争力不强或者推广新产品、开拓新市场时，赊销更具有重要的意义。

（2）减少存货。企业持有存货，会增加管理费、仓储费和保险费等支出。赊销方式能增加销售，促使产成品存货减少，使存货转化为应收账款，从而减少了存货管理的有关支出。因此，企业在存货较多时，可以采用较为优惠的信用条件进行赊销，以减少存货及节约各项存货管理费用的支出。

2. 应收账款的成本

赊销方式在促进销售的同时，也会因持有应收账款而付出一定的代价，这种代价即为应收账款的成本。应收账款的成本有以下几个方面：

（1）机会成本。应收账款的机会成本是指企业的资金因被应收账款占用而不能用于其他投资，所丧失的投资收益。其大小不仅与企业维持赊销业务所需的资金量有关，还与企业的平均收现期、变动成本率、资金成本率等因素有关。

（2）管理成本。应收账款的管理成本是指企业因对应收账款进行管理而耗费的开支，是应收账款成本的重要组成部分。其主要包括对客户的资信调查费用、收集各种信息的费用、应收账款簿记录费用、收账费用以及其他费用。

（3）坏账成本。应收账款的坏账成本是指应收账款因故无法收回而给企业造成的损失。它一般与应收账款的数额大小有关，即应收账款越多，坏账成本越大。

（二）应收账款的信用政策

应收账款的信用政策即应收账款的管理政策，是指企业为规划应收账款规模和监控应收账款回收情况而制定的一系列策略与措施。应收账款的信用政策包括信用标准、信用条件和收账政策三项内容。

1. 信用标准

信用标准是客户获得企业商业信用所应具备的最低条件，通常由预期的坏账损失率来衡量。如果企业的信用标准定得高，只对信誉很好、坏账损失率很低的客户给予赊销，就可以减少坏账成本和应收账款的机会成本，但会减少销售量。相反，如果企业的信用标准定得低，销售量虽能增加，但同时会使企业的应收账款以及相关成本增加。信用标准的制定，可以从定量及定性两个方面进行分析。定量是估量客户的信用等级和坏账损失率。定性主要从同行业竞争对手的情况、企业承担违约风险的能力、客户的资信程度等方面进行综合考虑。其中，客户资信程度的高低通常通过"5C"系统来评价，即客户的信用品质（Character）、偿债能力（Capacity）、资本（Capital）、抵押品（Collateral）和条件（Condition）。

  信用品质是指客户的信誉，是评估客户信用品质的首要指标，如以往是否有故意拖欠账款和赖账的行为，与其他供货企业的关系是否良好等。偿债能力是指客户的流动资产的数量和质量以及与流动负债的比例。资本是指客户的财务实力和财务状况，表明客户可能偿还债务的背景，如负债比率、流动比率、速动比率、有形资产净值等财务指标。抵押品是指客户拒付款项或无力支付款项时能被用作抵押的资产，一旦收不到这些客户的款项，便以抵押品抵补，这对于首次交易或信用状况有争议的客户尤为重要。经济状况是指可能影响客户付款能力的社会经济环境。

  上述五个方面的信用资料可以通过访问客户、直接查阅与分析客户的财务报表获得，也可以通过银行提供的客户信用资料以及与该客户的其他合作企业交换有关信用资料间接取得。

  2. 信用条件

  信用条件是指企业要求客户支付赊购货款的条件，它由信用期限、现金折扣期限及现金折扣率等部分组成。信用条件可在行业惯例的基础上，结合企业自身确定的信用标准给出。

（1）信用期限的确定。信用期限是指企业允许客户从购货到付款之间的时间间隔，是企业允许客户延迟付款的最长期限。信用期限过短，不能吸引客户，也不利于扩大销售；信用期限过长，虽然可吸引更多的客户，刺激销售，但也会使管理成本、机会成本和坏账成本上升。因此，制定信用期限时，应考虑延长信用期限增加的销售利润是否超过所增加的成本费用。

（2）现金折扣的确定。延长信用期限会增加应收账款的占用额和收账期，从而增加机会成本、管理成本和坏账成本。许多企业为了加速资金周转，及时收回货款，减少坏账损失，往往在延长信用期限的同时，采用一定的优惠措施，即在规定的时间内提前偿付货款的客户可按销售收入的一定比率享受折扣，这便是现金折扣。现金折扣政策由现金折扣期限和现金折扣率两部分组成。

与延长信用期限一样，采用现金折扣方式在刺激销售，加速现金回收及降低机会成本、管理成本和坏账成本的同时，也需要付出一定的代价，即现金折扣成本。现金折扣成本也是信用决策中的相关成本。因此，是否实行现金折扣政策以及设计何种程度的现金折扣政策应考虑的问题是：增加的销售利润能否超过增加的机会成本、管理成本、坏账成本和折扣成本之和。

3. 收账政策

收账政策是指客户在违反信用条件、拖欠甚至拒付账款时，企业所采取的收账策略与措施。

企业对拖欠的应收账款，无论采用何种方式进行催收，都需要付出一定的代价，即收账费用，某些催款方式的费用还会很高（如诉讼费等）。

因此，收账政策应建立在一个适宜的范围之内。积极的收账政策可以减少应收账款的机会成本和坏账损失，但会增加收账费用；消极的收账政策虽然可以减少收账费用，但却会增加应收账款的机会成本和坏账损失。在制定收账政策时，企业应在减少收账费用与应收账款的机会成本和坏账损失之间进行权衡。若前者小于后者，则说明制定的收账政策是可取的。

企业在处理客户的欠款时应采用适当的催收方式，做到有理、有利、有节。对超过信用期限较短的客户宜采用电话、发邮件等方式催款；对久拖不还的欠款，企业应具体调查分析客户欠款不还的原因。若客户确因财务困难而无力支付欠款，企业则应与客户相互协商沟通，寻求解决问题的理想办法，甚至可以给客户提供适当的帮助；若客户欠款属于品质恶劣，企业则应逐渐加强催收力度，直至诉诸法律，并将该客户从信用名单中排除。一般而言，企业应尽量避免对客户采取强硬措施，要珍惜与客户之间的友情，树立企业的良好形象，这样有助于企业争取更多的客户。但如果双方无法协调解决，也就只能诉诸法律进行裁判。

（三）应收账款的日常管理

应收账款是企业流动资产的重要组成部分，企业必须加强对应收账款的日常管理，采取有力措施对应收账款的运行状况进行经常性分析、控制，及时发现问题，提前采取行动，尽可能减少坏账损失。

1. 对应收账款进行追踪分析

应收账款一旦形成，企业就必须考虑如何按期足额收回的问题。这样，赊销企业就有必要在收款之前，对该项应收账款的运行过程进行追踪分析，其重点要放在赊销商品的变现方面。企业应对赊购客户今后的经营情况、偿付能力进行追踪分析，及时了解客户现金的持有量与调剂程度能否满足兑现的需要，并将那些挂账金额大、时间长的客户欠款作为重点考察内容，以防患于未然。必要时，企业还可采取一些措施，如要求这些客户提供担保等，来保证应收账款的回收。

2. 对应收账款的账龄进行分析

应收账款的账龄是指未收回的应收账款从产生到目前的整个时间。一般而言，客户拖欠账款的时间越长，账款催收的难度就越大，成为呆账或坏账损失的可能性也就越高。企业必须做好应收账款的账龄分析，密切注意应收账款的回收进度和出现的变化。应收账款的账龄分析就是考察应收账款的账龄结构。账龄结构是指各账龄应收账款的余额占应收账款总额的比重。

通过对应收账款的账龄进行分析，企业财务管理部门可以掌握以下信息：第一，有多少客户在折扣期限内付款；第二，有多少客户在信用期限内付款；第三，有多少客户在信用期限过后才付款；第四，有多少应收账款拖欠太久，可能会成为坏账。如果账龄分析显示，企业应收账款的账龄开始延长或者过期账户所占比例逐渐增加，就必须及时采取措施，调整企业的信用政策，努力提高应收账款的收现效率。对尚未到期的应收账款，企业也不能放松监督，以防发生新的拖欠。

3. 建立应收账款坏账准备金制度

不管企业采用怎样严格的信用政策，只要存在商业信用行为，坏账损失就不可避免。因此，企业应遵循稳健性原则，对坏账损失的可能性预先进行估计，积极建立弥补坏账损失的坏账准备金制度，用于补偿无法收回的坏账损失，以促进企业的健康发展。

第四节　财务利润分配管理模式

一、财务利润分配原则与程序

财务管理中的利润分配，主要是指企业的净利润分配。利润分配的实质就是确定给投资者的分红与企业留用利润的比例。企业年度决算后实现的利润总额，要在国家、企业的所有者和企业之间进行分配。利润分配关系着国家、企业、职工及企业所有者各方面的利益，是一项政策性较强的工作，必须严格按照国家的法律法规和制度执行。利润分配的结果形成了国家的财政收入、投资者的投资报酬和企业的留用利润等不同的项目。其中，企业的留用利润是指盈余公积金、公益金和未分配利润。由于税法具有强制性和严肃性，缴纳税款是企业必须履行的义务。

（一）利润分配原则

第一，依法分配原则。为规范企业的利润分配行为，国家制定和颁布了若干法律法规，这些法律法规规定了对企业利润分配的基本要求、一般程序和重大比例。企业的利润分配必须依法进行，这是正确处理企业各项财务关系的关键。

第二，分配与积累并重原则。企业的利润分配要正确处理长期利益和近期利益这两者之间的关系，坚持分配与积累并重原则。企业除按规定提取法定盈余公积金以外，可适当留存一部分利润作为积累，这部分未分配的利润仍归企业所有者所有。这部分积累的净利润不仅可为企业扩大生产筹措资金,增强企业的发展能力和抵抗风险的能力,同时,还可供未来年度进行分配,起到以丰补歉、平抑利润分配数额波动、稳定投资报酬率的作用。

第三,兼顾职工利益原则。企业的净利润归投资者所有,是企业的基本制度。但企业职工不一定是企业的投资者,净利润就不一定归他们所有,而企业的利润是由全体职工的劳动创造的,他们除了获得工资和奖金等劳动报酬外,还应以适当的方式参与净利润的分配,如在净利润中提取公益金,用于企业职工的集体福利设施支出。公益金是所有者权益的一部分,职工对这些福利设施具有使用权并负有保管之责,但没有所有权。

第四,投资与收益对等原则。企业的利润分配应当体现"谁投资谁收益"、收益大小与投资比例相适应,即投资与收益对等原则,这是正确处理企业与投资者利益关系的立足点。投资者因投资行为,以出资额依法享有利润分配权,这就要求企业在向投资者分配利润时,要遵循公开、公平、公正的"三公"原则,一视同仁地对待所有投资者,任何人不得以在企业中的其他特殊地位牟取私利,这样才能从根本上保护投资者的利益。

(二)利润分配程序

利润分配程序是指企业根据适用法律、法规或规定,对企业一定期间内实现的净利润进行分配必须经过的先后步骤。非股份制企业当年实现的利润总额应按国家有关税法的规定做相应的调整,然后依法交纳所得税。交纳所得税后的净利润按以下几方面进行分配:

第一,弥补以前年度的亏损。企业的年度亏损,可由下一年度的税前利润弥补,下一年度税前利润尚不足以弥补的,可由以后年度的税前利润继续弥补，但用税前利润弥补以前年度亏损的连续期限不超过 5 年。5 年内弥补不足的，用本年税后利润弥补。本年净利润加上年初未分配利润为企业可供分配的利润，只有可供分配的利润大于零时，企业才能进行后续分配。

第二，提取法定盈余公积金。可供分配的利润大于零是计提法定盈余公积金的必要条件。法定盈余公积金以净利润扣除以前年度亏损为基数，按 10% 提取，即企业年初未分配利润为借方余额时，法定盈余公积金计提基数为：本年净利润减年初未分配利润（借方）余额。若企业年初未分配利润为贷方余额，法定盈余公积金计提基数为本年净利润，年初未分配利润贷方余额在计算可供投资者分配的净利润时计入。当企业法定盈余公积金达到注册资本的 50% 时，可不再提取。法定盈余公积金主要用于弥补企业亏损和按规定转增资本金，但转增资本金后的法定盈余公积金一般不低于注册资本的 25%。

第三，提取法定公益金。法定公益金是以法定盈余公积金相同基数的 5%～10% 计提的职工公共利益资金。它主要用于企业职工的福利设施支出。

第四，向投资者分配利润。企业本年净利润扣除弥补以前年度亏损、提取法定盈余公积金和公益金后的余额，加上年初未分配利润贷方余额，即为企业本年可供投资者分配的利润，按照分配与积累并重原则，确定应向投资者分配的利润数额。

分配给投资者的利润是投资者从企业获得的投资回报。向投资者分配利润应遵循纳税在先、企业积累在先、无盈余不分利的原则，其分配顺序在利润分配的最后阶段。这体现了投资者对企业的权利、义务以及投资者所承担的风险。

从上述利润分配程序来看，股利来源于企业的税后利润，但净利润不能全部用于发放股利,股份制企业必须按照有关法律法规和企业章程规定的顺序、比例,在提取了法定盈余公积金、公益金后,才能向优先股股东支付股息,在提取了任意盈余公积金后,才能向普通股股东发放股利。如股份制企业当年无利润或出现亏损,原则上不得分配股利,但为维护企业股票的信誉,经股东大会特别决议,可按股票面值较低比率用盈余公积金支付股利,支付股利后留存的法定盈余公积金一般不得低于注册资本的25%。

二、股利分配政策及影响因素

股利分配政策是指企业管理层对与股利有关的事项所采取的方针策略。股利分配在股份制企业经营理财决策中,始终占有重要地位。这是因为股利的发放,既关系到企业股东的经济利益,又关系到企业的未来发展。通常较高的股利,一方面可使股东获取可观的投资收益;另一方面还会引起企业股票市价上涨,从而使股东除股利收入外还获得了资本利得。但是,过高的股利必将使企业的留存收益大量减少,或者影响企业未来发展,或者大量举债,增加企业资本成本负担,最终影响企业未来收益,进而降低股东权益;而较低的股利,虽然使企业有较多的发展资金,但与企业股东的愿望相背离,股票市价可能下降,企业形象将受到损害。因此,对于企业经营管理者而言,如何均衡股利发放与企业的未来发展,并使企业股票价格稳中有升,便成为企业经营管理者追求的目标。

(一)股利分配政策的类型

股利分配政策的核心问题是确定支付股利与留用利润的比例,即股利

支付率问题。目前,企业财务管理中常用的股利政策主要有以下几种:

1. 固定或稳定增长的股利政策

固定股利政策表现为每股股利支付额固定。其基本特征是:无论经济情况如何,也无论企业经营好坏,不降低股利的发放额,将企业每年的每股股利支付额稳定在某一特定水平上保持不变,只有企业管理者认为企业的盈利确已增加,而且未来的盈利足以支付更多的股利时,企业才会提高每股股利支付额。

固定股利政策的实行比较广泛,如果企业的盈利下降,而股利并未减少,那么,投资者会认为企业未来的经济状况会有好转。一般的投资者都比较喜欢投资有稳定的股利政策的企业,因为稳定的股利政策有助于消除投资者心中的不确定感,对于那些期望每期有固定数额收入的投资者来说是较好的选择。因此,许多企业都在努力维持其股利的稳定性。固定股利政策的缺点主要在于,股利的支付与盈利相脱节,当企业的盈利较低时仍要支付固定股利,可能会使企业出现资金短缺、财务状况恶化的情况,影响企业的长远发展。这种股利政策适用于盈利稳定或处于成长期的企业。

2. 固定股利支付率政策

固定股利支付率政策是将每年盈利的某一固定百分比作为股利分配给股东。实行这一政策的企业认为,只有维持固定股利支付率,才能使股利与企业盈利紧密结合,体现多盈多分、少盈少分、不盈不分的原则,这样才算真正做到公平地对待每一个股东。固定股利支付率政策的问题在于,如果企业的盈利各年间波动不定,则其股利也随之波动。由于股利随盈利而波动会影响股东对企业未来经营的信心,不利于企业股票市场价格的稳定与上涨,因此,大多数企业并不采用这一股利政策。

3. 剩余股利政策

剩余股利政策强调企业未来有良好的投资机会时，根据企业设定的最佳资本结构，确定未来投资所需的权益资金，先最大限度地使用留用利润来满足投资方案所需的权益资本，然后将剩余部分作为股利发放给股东。剩余股利政策制定的基础是：大多数投资者认为，如果企业再投资的收益率高于投资者在同样风险下其他投资的收益率，那么投资者宁愿把利润保留下来用于企业再投资，而不是用于支付股利。例如，企业有投资收益率达12%的再投资机会，而投资者取得股息后再投资的收益率只有10%时，则投资者愿意选择将利润保留于企业。投资者取得股息再投资后10%的收益率，就是企业利润留存的成本。如果投资者能够找到其他投资机会，使投资收益大于企业利用保留利润再投资的收益，则投资者更喜欢发放现金股利。这意味着投资者对于留存盈利或发放股利毫无偏好，关键是企业投资项目的净现值必须大于零。

剩余股利政策的优点是：可最大限度地满足企业对再投资的权益资金需要，保持理想的资本结构，有助于降低再投资的资金成本，并能使综合资本成本最低。其缺点是：忽略了不同股东对资本利得与股利的偏好，损害了那些偏好现金股利的股东利益，从而有可能影响股东对企业的信心。此外，企业采用剩余股利政策是以投资的未来收益为前提的，由于企业管理者与股东之间存在信息不对称，股东不一定了解企业投资的未来收益水平，因而也会影响股东对企业的信心。

4. 低正常股利加额外股利政策

低正常股利加额外股利政策是介于固定股利与固定股利支付率之间的一种股利政策，其特征是：企业一般每年都支付较低的固定股利，当盈利增长较多时，再根据实际情况加付额外股利。即当企业盈余较低或现金投资较多时，可支付较低的固定股利；而当企业盈利有较大幅度增加时，则加付额外股利。低正常股利加额外股利政策既能保证股利的稳定性，使依靠股利度日的股东有比较稳定的收入，从而吸引住这部分股东，又能做到股利和盈利较好地配合，使企业具有较大的灵活性。这种股利政策适用于盈利与现金流量波动不够稳定的企业，因而被大多数企业所采用。

（二）股利分配的影响因素

理论上，股利是否影响企业价值存在相当大的分歧。但在现实经济生活中，企业仍然是要进行股利分配的。当然，企业分配股利并不是无所限制，总是要受到一些因素的影响。一般而言，企业股利政策的影响因素主要有以下几个方面：

1. 法律影响因素

为了保护债权人、投资者和国家的利益，有关法律法规对企业的股利分配有以下限制：

（1）资本保全限制。资本保全限制要求企业不能用资本发放股利。例如，我国法律规定：各种资本公积准备不能转增股本，已实现的资本公积只能转增股本，不能分配现金股利；盈余公积主要用于弥补亏损和转增股本，一般情况下不得用于向投资者分配利润或现金股利。

（2）资本积累限制。企业资本积累限制要求企业必须按税后利润的一定比例和基数提取法定公积金和法定公益金。企业当年出现亏损时，一般不得给投资者分配利润。

（3）偿债能力限制。偿债能力限制是企业按时足额偿付各种到期债务的能力。如果企业已经无力偿付到期债务或因支付股利将使其失去偿还能力，则企业不能支付现金股利。

2. 企业影响因素

企业资金的灵活周转是企业生产经营得以正常进行的必要条件。因此，企业长期发展和短期经营活动对现金的需求，便成为对股利最重要的限制因素，其相关因素有以下几个方面：

（1）资产的流动性。企业现金股利的分配应以一定的资产流动性为前提。如果企业的资产流动性越好，说明其变现能力越强，股利支付能力也就越强。高速成长的营利性企业，其资产可能缺乏流动性，因为它们将大部分资金投入在固定资产和永久性流动资产上了。这类企业当期利润虽然多，但资产变现能力差，企业的股利支付能力就会削弱。

（2）投资机会。有着良好投资机会的企业需要有强大的资金支持，因而往往少支付现金股利，将大部分盈余留存下来进行再投资；缺乏良好投资机会的企业，保留大量盈余的结果必然是大量资金闲置，于是倾向于支付较高的现金股利。因此，处于成长中的企业因一般具有较多的良好投资机会而多采取低股利政策；许多处于经营收缩期的企业，则因缺少良好的投资机会而多采取高股利政策。

（3）筹资能力。如果企业规模大、经营好、利润丰厚，其筹资能力一般很强，那么在决定股利支付数额时，有较大的选择余地。但那些规模小、新创办、风险大的企业，其筹资能力有限，这类企业应尽量减少支付现金股利，而将利润更多地留存在企业，作为内部筹资。

（4）盈利的稳定性。企业的现金股利来源于税后利润。盈利相对稳定的企业，有可能支付较高股利；盈利不稳定的企业，一般采用低股利政策。这是因为对于盈利不稳定的企业，低股利政策可减少因盈利下降而造成的股利无法支付、企业形象受损、股价急剧下降的风险，还可将更多的盈利用于再投资，以提高企业的权益资本比重，减少财务风险。

（5）资本成本。留用利润是企业内部筹资的一种重要方式。同发行新股或举借债务相比，留用利润不但筹资成本较低，而且具有很强的隐蔽性。企业如果一方面大量发放股利，另一方面又以支付高额资本成本为代价筹集其他资本，那么，这种舍近求远的做法是不恰当的，甚至有损于股东利益。因此，从资本成本考虑，如果企业扩大规模而需要增加权益资本时，不妨采取低股利政策。

3. 股东意愿因素

股东在避税、规避风险、稳定收入和股权稀释等方面的意愿，也会对企业的股利政策产生影响。企业的股利政策不可能使每个股东的财富都实现最大化，企业制定股利政策的目的在于，对绝大多数股东的财富产生有利影响。

（1）避税考虑。企业的股利政策还受到所得税税率的影响。在我国，由于现金股利收入的税率是20%，而股票交易尚未征收资本利得税。因此，低股利支付政策可给股东带来更多的资本利得收入，达到避税目的。

（2）规避风险。在一部分投资者看来，股利的风险小于资本利得的风险，当期股利的支付消除了投资者心中的不确定性，因此，他们往往会要求企业支付较多的股利，从而减少投资风险。

（3）稳定收入。如果一个企业拥有很大比例的富有股东，这些股东多半不会依赖企业发放的现金股利维持生活，那么，他们对定期支付现金股利的要求不会显得十分迫切。反之，如果一个企业绝大部分股东属于低收入阶层以及养老基金等机构投资者，他们需要企业发放的现金股利来维持生活或用于发放养老金等，那么，这部分股东特别关注现金股利，尤其是稳定的现金股利发放。

（4）股权稀释。企业必须认识到高股利支付率会导致现有股东股权和盈利的稀释，如果企业支付大量现金股利，然后发行新的普通股以融通所需资金，现有股东的控制权就有可能被稀释。另外，随着新普通股的发行，流通在外的普通股股数增加，最终将导致普通股的每股盈利和每股市价的下降，对现有股东会产生不利影响。

4. 其他影响因素

影响股利政策的其他因素主要包括：不属于法规规范的债务合同约束、政府对机构投资者的投资限制，以及因通货膨胀带来的企业对重置实物资产的特殊考虑等。

（1）债务合同约束。企业的债务合同特别是长期债务合同，往往有限制企业现金股利支付的条款，这使企业只能采用低股利政策。

（2）机构投资者的投资限制。机构投资者包括养老基金、储蓄银行、信托基金、保险企业及其他一些机构。机构投资者对投资股票种类的选择，往往与股利特别是稳定股利的支付有关。如果某种股票连续几年不支付股利或所支付的股利金额起伏较大，则该股票一般不能成为机构投资者的投资对象。因此，如果某一企业想吸引更多的机构投资者，则应采用较高而且稳定的股利政策。

（3）通货膨胀的影响。在通货膨胀的情况下，企业货币性资产的购买力会下降,会导致没有足够的资金来源重置固定资产。这时,较多的留存利润就会被当成弥补固定资产折旧的资金来源。因此,在通货膨胀时期,企业的股利政策往往偏紧。

三、股利支付形式与程序管理

(一)股利支付形式

企业通常以多种形式支付股利,股利支付形式一般有现金股利、股票股利、财产股利及负债股利。其中,最为常见的是现金股利和股票股利。在现实生活中,我国上市公司的股利分配广泛采用支付一部分股票股利和一部分现金股利的做法。

1. 现金股利支付形式

现金股利是指企业以发放现金的方式向股东支付股利,也称红利。现金股利是企业最常见的、最易被投资者接受的股利支付方式。企业支付现金股利,除了要有累计的未分配利润外,还要有足够的现金。因此,企业在支付现金股利前,必须做好财务上的安排,以便有充足的现金支付股利。因为,企业一旦向股东宣告发放股利,就对股东承担了支付的责任,必须如期履约。

2. 股票股利支付形式

股票股利是指应分给股东的股利以额外增发股票的形式发放。以股票作为股利,一般都是按在册股东持有股份的一定比例来发放,对于不满一股的股利仍采用现金发放。股票股利最大的优点是节约现金支出,因而常被现金短缺的企业所采用。

发放股票股利时，在企业账面上只需减少未分配利润项目金额，增加股本和资本公积等项目金额，并通过清算登记系统增加股东持股数量。发放股票股利是一种增资行为，需要经股东大会同意，并按法定程序办理增资手续。但发放股票股利与其他的增资行为不同的是，它不增加股东财富，企业的财产价值和股东的股权结构也不会改变，改变的只是股东权益内部各项目的金额。

我国股票股利价格是以股票面值计算的。发放股票股利后，如果盈利总额不变，会因普通股股数增加而引起每股盈余和每股市价的下降，但股东所持股票的市场价值总额仍保持不变。尽管股票股利不直接增加股东的财富，也不增加企业的价值，但对股东和企业都有好处。

对股东的意义在于：①如果企业在发放股票股利后同时发放现金股利，股东会因为持股数的增加而得到更多的现金。②有时企业发行股票股利后，股价并不成同比例下降，这样便增加了股东的财富。因为发放股票股利通常为成长中的企业所采用，投资者可能会认为，企业的盈余将会有大幅度增长，并能抵消增发股票所带来的消极影响，从而使股价稳定不变或略有上升。③在股东需要现金时，可将分得的股票股利出售，从中获利。

对企业的意义在于：①能达到节约现金的目的。企业采用股票股利或股票股利与现金股利相互配合的政策，既能使股东满意，又能使企业留存一定现金，便于进行再投资，有利于企业长期发展。②在盈余和现金股利不变的情况下，发放股票股利可降低每股价值，从而吸引更多的投资者。

（二）股利支付程序管理

企业通常在年度末计算出当期盈利之后，才决定向股东发放股利。但是，在资本市场中，股票可以自由交换，企业的股东也经常变换。那么，哪些人应该领取股利呢？对此，企业必须事先确定与股利支付相关的时间界限。下面主要探讨股利宣告日、股权登记日和除息日。

第一，股利宣告日。股利一般是每年度或每半年进行分配。一般而言，分配股利首先要由企业董事会向公众发布分红预案，在发布分红预案的同时或之后，企业董事会将公告召开企业股东大会的日期。股利宣告日是指董事会将股东大会决议通过的分红方案（或发放股利情况）予以公告的日期。在公告中，将宣布每股股利、股权登记日、除息日和股利支付日等事项。

第二，股权登记日。股权登记日是指有权领取股利的股东资格登记截止日期。只有在股权登记日前在企业股东名册上有名字的股东，才有权分享当期股利。在股权登记日以后列入名单的股东无权领取股利。

第三，除息日。除息日是指领取股利的权利与股票相互分离的日期。在除息日前，股利权从属于股票，持有股票者即享有领取股利的权利；从除息日开始，股利权与股票相分离，新购入股票的人不能享有股利。除息日的确定是由证券市场交割方式决定的，因为，股票买卖、过户需要一定的时间。在我国，采用次日交割方式，则除息日与登记日差一个工作日。

第三章　财务信息化概述

第一节　财务工作的演变

一、传统会计工作

（一）传统会计工作概述

在传统手工方式下，财务会计人员首先用纸和笔等工具对相关原始单据进行核算；然后填制财务记账凭证，经过审核以后登记相应的明细账簿和总账；最后通过各账簿之间的钩稽关系汇总计算填报各种财务决算报表，进而如实反映发生的各种经济活动，提供给各类决策人员使用。

（二）传统会计工作的弊端

从财务会计工作流程可以看出，在手工方式下，财务会计人员必须进行大量烦琐的简单汇总计算工作，这极易出现错误，工作效率不高，且为造假提供了大量机会。财务会计工作效率的高低决定了企业资金利用率的高低，进一步会对企业的发展产生一定的影响。尤其在当前激烈竞争的市场大潮中，财务工作水平的高低从某种意义上来说甚至决定了企业的兴衰成败。在手工方式下，财务会计的主要工作内容和大量的工作时间实际上集中在登账、结账和填制财务决算报表过程中的大量汇总计算，专业财务会计人员无法从上述简单的重复劳动中解脱出来，也没有更多的时间和精力运用自己的专业技能和经验将企业的各种资金进行科学管理和利用。

二、会计电算化

会计工作所具有的数据性、及时性、精确性特点迫切要求会计工作迅速实现现代化。电子技术的日益发展和数据处理技术的普及，为会计工作实现现代化提供了良好的契机，融会计理论、会计方法与计算机信息技术为一体的交叉型学科——会计电算化应运而生了。

（一）会计电算化的含义

会计电算化的不断发展使会计电算化的含义不断延伸，它不仅涉及会计信息系统（会计核算、会计管理、会计决策等）的理论与实务研究，还融合了与其相关的所有工作，如会计电算化的组织与规划、会计电算化的实施、会计电算化的管理、会计电算化人员的培训、会计电算化制度的建立、计算机审计等内容。现在人们普遍认为，会计电算化是现代会计学科的重要组成部分。

会计电算化是指电子计算机技术在会计工作中的应用过程。它是以计算机为基本工具，由会计人员通过操作会计应用软件来完成会计工作的。

（二）会计电算化的发展过程

会计电算化的发展过程是一个从实践应用到会计实务变更，再到会计理论突破的过程，是会计学科发展的必由之路。会计电算化的内容比较广泛，可以从不同的角度进行归纳。

1. 从会计电算化信息系统的角度来看

从会计电算化信息系统的角度来看，会计电算化是一个人机相结合的系统。它的基本内容包括人员、计算机硬件、计算机软件和会计规范。

（1）人员

人员是指从事会计电算化工作的人员，如会计主管、系统开发人员、系统维护人员、凭证录入人员、凭证审核人员、会计档案保管人员等。

（2）计算机硬件

计算机硬件是指进行会计数据输入、处理、存储及输出的各种电子设备，如：键盘、光电扫描仪、条形码扫描仪等输入设备；磁盘机、光盘机等存储设备；打印机、显示器等输出设备。

（3）计算机软件

计算机软件是指系统软件和应用软件。系统软件包括操作系统、数据库管理系统等。应用软件是根据一个单位、一个组织、一项任务的实际需要而研制开发的软件，即凡是为解决某些具体的、实际的问题而开发和研制的各种程序，都可称之为应用软件。会计软件就是一种应用软件，它是专门用于会计数据处理的软件。

（4）会计规范

会计规范是指对会计电算化系统的运行进行控制的各种准则、岗位责任制度、内部控制制度等。

2. 从会计电算化的发展过程来看

从会计电算化的发展过程来看，会计电算化主要分为会计核算电算化和会计管理电算化两个阶段。

（1）会计核算电算化

会计核算电算化是会计电算化的第一个阶段。在这一阶段完成的任务主要包括设置会计科目电算化、填制会计凭证电算化、登记会计账簿电算化、成本计算电算化、编制会计报表电算化等。会计核算电算化主要是指这几个方面运用会计核算软件，实现会计数据处理电算化。

其一，设置会计科目电算化。设置会计科目电算化是通过会计核算软件的初始化功能实现的。初始化功能是供软件开始正式投入使用时运用的，除输入总分类和明细分类会计科目名称和编码外，还要输入会计核算所必需的期初数字及有关资料等。

其二，填制会计凭证电算化。会计凭证包括原始凭证和记账凭证，对这两类凭证的处理，在不同的会计软件中有不同的处理方法。

其三，登记会计账簿电算化。会计电算化后，登记会计账簿一般分两个步骤进行，计算机首先根据会计凭证自动登记机内账簿，然后把机内会计账簿打印输出。

其四，成本计算电算化。根据账簿记录，对经营过程中发生的采购费用、生产费用、销售费用和管理费用进行成本核算，是会计核算的一项重要任务。

其五，编制会计报表电算化。编制会计报表工作，在通用会计软件中都是由计算机自动进行的。一般都有一个可由用户自定义的报表生成功能模块，它可以定义报表的格式和数据来源等内容，这样无论报表如何变化，计算机都可以适应。

（2）会计管理电算化

会计管理电算化是在会计核算电算化的基础上，利用会计核算提供的数据和其他经济数据，借助计算机会计管理软件提供的功能，帮助会计管理人员合理地筹措资金、运用资金、控制成本费用开支、编制财务计划，辅助管理者进行投资、筹资、生产、销售决策分析等。

（三）会计电算化工作

将财务会计人员从简单繁重的手工劳动中解放出来是当今企业发展的重要条件之一，而科学、准确、高效地进行各种简单的汇总分析计算是目前电子计算机技术所能胜任的，这就是会计电算化。

实行会计电算化以后，计算机系统作为财务会计工作的主要辅助手段，可以代替会计人员准确、可靠地完成财务会计工作中大量繁重的汇总计算工作，甚至可以进行简单的资金管理运用分析，进而辅助财务会计人员为企业经营的科学管理决策提供更加准确的依据。在财务记账凭证数据被准确无误地输入财务软件系统中，或者根据其他信息管理系统形成的相关数据自动形成财务记账凭证以后，专业财务会计人员需要运用财务系统提供的凭证查询修改功能对相关凭证的记账科目、凭证摘要及科目之间的资金借贷关系进行严格审核，以保证财务系统中记账凭证数据的正确性和可靠性。计算机财务管理系统会根据事先编制好的数据处理规则和运行程序高效、正确地完成记账凭证数据的检验、分类、汇总计算、登账、对账、结账等工作，并且根据需要在各级科目的账簿信息文件中采集各种数据，计算汇总以后形成各种财务决算报表。此处的报表数据采集规则是系统运行维护人员协同专业财务会计人员根据各财务决算报表的填制办法总结出来的，最后由系统运行维护人员利用财务管理软件提供的财务报表生成工具将各财务报表的描述信息输入系统。

实行会计电算化以后，计算机系统可以准确、高效地完成财务数据的汇总计算和登账、对账、结账及填制财务决算报表等繁重的工作，降低了会计人员的劳动强度，提高了会计信息的质量和会计工作的效率，改变了会计信息处理和使用的方式与方法，引起了会计人员知识结构的变化，提高了会计人员的素质，引起了会计工作组织方式和会计人员分工与职能的变化，促进了会计工作职能的转变。此时财务会计人员的工作侧重点相应转移，由过去的登账、对账、结账等工作转变为财务分析。

现行会计体系把会计分为财务会计（含成本会计）和管理会计两个子系统。电算化会计信息处理的代码化、数据共享和自动化为两个子系统的结合提供了条件和可能。另外，如果电算化一直停留在财务会计子系统，而不涉及管理会计子系统的预测、决策、规划和分析，企业经济活动与效益的评估，内部责任会计和业绩评价等，那么也就限制和失去了发展电算化的意义。以前在手工方式下，财务工作在管理活动中所起的作用比较有限，只是如实地反映经济活动和有效地监督经济活动的全过程，无法实现"把握现在，谋划将来"等会计管理职能。在实行会计电算化以后，财务管理系统可以有效地和其他信息管理系统实现数据共享，这就使其他信息管理系统中的任何经济业务活动的进程和结果都能及时反映到财务信息系统中，同时利用现有财务数据，结合已经建立的各种数学模型，对各种经济活动的财务结果进行预测，进而为经营决策者提供科学、有效的依据。这也使财务会计能够确实参与经营活动的管理决策，真正履行"把握现在，谋划将来"的财务会计管理决策职能。

（四）会计电算化的作用

其一，提高会计数据的时效性和正确性，减轻会计人员的劳动强度，并在一定程度上提升会计数据的核算水平和质量。企业财务数据核算从手工到电算化，提高了会计人员的工作效率，并且在数据准确性得到保证的情况下，也提高了会计工作质量。

其二，提高了经营管理水平，为信息化管理做好充分的铺垫。实行会计电算化后，会计人员的工作效率进一步提高，他们可以把更多的时间和精力投入企业经营管理，有更多的时间分析和整理财务数据，从而得出有效的财务信息并提供给企业管理者，进而使企业管理者准确做出企业发展决策。实行会计电算化，为企业进行信息化管理提供了有利条件。

其三，会计电算化对会计技术与观念等方面的更新有推动作用，对会计工作有积极的促进作用。会计数据处理方法从手工做账到机械做账，最后出现计算机处理数据。计算机的产生，使会计数据处理技术发生了由量到质的转变。

（五）会计电算化相比手工会计的优势

1. 数据处理的起点和终点不同

原始会计凭证是手工会计处理业务的起点，而原始会计凭证是会计电算化数据核算的起点。在手工方式下，会计工作的终点是编制和上报财务报表，而依靠计算机程序以计算机为依托自动输出报表为会计电算化核算的终点，单独的财务报表模块根据设定的参数条件将编制和输出不同的报表，如企业内部成本表、资产负债表、利润表和现金流量表等内外部报表。

2. 数据处理方法不同

在手工方式下,按岗位分离制度分别完成凭证登记、审核并记账等工作,最后完成数据处理工作;而会计电算化核算系统处理数据,记账就是处理数据的一个步骤,账簿登记工作中不需要每个人执行一遍,计算机将自动完成数据收集和处理工作,从而大大减少了会计人员的工作量。

3. 数据存储方式不同

手工方式处理的会计数据分别存储在分类账户、凭证中,为各种纸质材料;而计算机会计系统数据存储在数据库中,有必要时才用打印机将其打印成纸质形式。

4. 会计信息的表现方式不同

在手工方式中,会计数据必须靠人工完完整整地写出来;而在会计电算化软件运用过程中,可以减少文字的输入,会计信息可以用相应代码来表示,这样不仅提高了工作效率,而且便于计算机进行会计信息处理。

5. 不需要账账核对

在手工方式下,明细账登记以每张记账凭证为依据,对总分类账进行登记是以汇总数据为依据。在核对过程中,会计人员根据复式记账规则,定期检查明细账和总账数据,一旦明细账不符合总账,就说明会计做账有误。而根据系统参数设定好的记账规则被采用在会计电算化核算之中,记账过程具有自动、准确、高效的特点,同时产生明细与汇总数据。预先编制好的程序如果完全正确,就可以完全避免计算错误,这样明细账与总账核对的环节就可以省去。

（六）实施会计电算化的重要意义

会计电算化在企业中的运用，助力企业由管理粗放状态转变为管理系统化状态。从企业和整个国民经济的立场上看，会计电算化具有非常重要的现实意义。

1. 能够有效降低会计人员的劳动强度，大幅度提高会计工作效率

把会计电算化系统引入企业后，会计人员依靠纸质材料记录和保存大量运营数据的状况得到转变，相关经营数据输入计算机系统即可保存，系统同时具有筛选和分析功能，这些都有效解放了人力。同时，运作速度快是计算机系统的特征，它可以在提高企业财务管理效率方面发挥重要作用。用计算机进行数据核算，使广大会计人员从记账、算账到报账的繁重工作中得到解脱，也使会计工作效率得到提高。同时，在企业管理中，会计工作岗位至关重要，其最基本的职能是核算和监督，其他职能包括预测经济前景和分析数据，对企业的经营管理发挥着至关重要的作用。会计电算化在企业中依托财务软件得以实现，其科学性与理论性更强，为企业更好地发展发挥了积极的促进作用。

2. 会计电算化是企业改善管理水平的需要

在国民经济飞速发展的背景下，企业处理财务信息的工作日益增多，传统手工做账已无法满足现代企业的发展要求，而对于会计而言，记录、分析和保存财务信息至关重要，解决该问题的首要措施就是运用会计电算化。具体体现在旧式的手工做账被计算机财务系统所取代，广大企业普遍接受便捷的企业管理模式。信息化的普及对于我国企业来讲属于难得的历史机遇，也是提升企业核心竞争力、拓展生存发展空间的良好机遇。由此

可见，企业要想生存和发展，会计电算化是必然选择，其能提高会计工作质量，也能为企业规划资源积累经验，为企业实现持续快速发展做好前期准备。

3. 推动企业管理现代化

企业会计部门把经营管理中的多数信息集中在一起，其特点是具有很广的涉及面。会计信息系统的运行依托电子计算机，其优点体现在大存储量、高效精确运算、实时共享数据、快速生成账簿报表等。对于企业信息化管理而言，会计电算化占据着核心地位，核算与管理两种职能同时具备，有助于企业管理者随时获取所需信息，快速做出管理决策，最终提高企业的竞争力。

三、会计信息化

（一）会计信息化的发展历程

1. 起步阶段

20世纪70年代末80年代初，即改革开放初期，银行业顺应改革开放的潮流，开始蓬勃发展。1984年，我国银行业初步实现了会计电算化，会计业务从原来由手工操作基本转向由计算机来处理，并可在线生成电子数据。此阶段的会计电算化对银行会计报表所需的数据进行存储，仅是对数据进行记载，并通过相应的会计科目进行分类，但并不能为银行的决策者提供相关的决策依据。

2. 完善阶段

20世纪90年代，经济不断发展，为了使金融业更好地适应社会主义市场经济的发展。1994年，国务院决定进行金融体制改革。随着金融品种的不断增多，金融业务范围的不断扩展，结算方式也在不断改变，银行原有的会计核算水平已无法满足业务需求，银行会计信息系统的改革势在必行。在此阶段，银行仍然具有对公与储蓄两大独立的核算系统，但在功能上已经比较完善，系统的安全性、可靠性也显著提高。

3. 综合化大集中阶段

进入21世纪，经济进一步发展，经济全球化、国际资本市场的形成都促使我国金融业发生巨大变革。国内银行不断推动金融创新，利用互联网技术，逐步开展网上银行、支付宝等网络金融服务。在这样的背景下，银行业的会计信息系统进一步发展，开始从会计信息化逐渐向综合信息化过渡，会计业务不断与综合业务相融合。

（二）会计信息化的特征

1. 普遍性

会计信息化的普遍性体现在会计的基本工作流程、会计管理及会计教育都采用信息技术，而目前会计理论还比较薄弱，没有达到真正的会计信息化水平。现在很多会计工作仍然依赖传统的会计流程和基本的会计理论，依据信息技术构建的会计账务处理体系还没有得到很好的发展与完善。按照"互联网+"时代的会计信息化工作要求，现代的信息技术应当广泛应用在基础会计理论、账务处理程序、管理会计及财务会计教育等相关领域，使与会计相关的工作都能在这一套信息化体系中有序、高效运行。

2. 集成性

会计信息化的集成性主要是对虚拟数据资源的重新整合，主要体现在以下三个方面：①将财务会计和管理会计之间的各种信息资源与处理办法进行整合，这样更有利于会计领域的发展；②企业财务方面的工作和非财务方面的工作之间要相互协调，实现两者之间的有效结合和利用；③企业与其相关经济利益者之间的信息网络资源集成，最终实现有关会计信息化工作的大集成。

3. 动态性

动态性，又称实时性和及时性，指的是利用信息技术获取和处理的财务会计数据都应该是实时获取并动态存储的。动态性主要体现在只要企业发生经济业务，产生了会计数据，无论是在企业内部还是外部发生，都能在服务器系统中实时同步记录并存储，并在会计信息系统中被及时处理。动态性还体现在财务数据只要进入相关信息处理系统，相关的财务信息技术处理模块就会及时做出相应的数据计算、数据汇总及数据分析等操作，如实反映企业的偿债能力、营利能力等指标，并为这些综合的会计信息呈现相应的数据依据。同时，财务信息的动态性也方便需要了解企业财务状况和经营成果的利益相关者及时获取相应的信息，为其后续的经营决策提供理论依据。

第二节　财务信息化相关基础理论

财务信息化是结合计算机技术、网络技术等信息技术，升级优化财务管理模式，运用信息化手段收集整理、归纳分析财务数据来为财务管理提供帮助的一个过程。其目标是应用信息技术协助财务管理者进行预算管理、核算管理、分析决策管理，并提供及时有用的财务数据、准确可靠的决策依据，降低成本、优化配置、提高效率，提升财务管理水平。

财务信息化建设以互联网为基础，结合系统耦合、流程设计再造、互联网大数据等先进信息技术，将财务管理的各个流程数字化，使其在时间和空间上都获得延伸。

一、财务信息化的概念

财务信息化最初起源于美国，主要是通过应用计算机来提高财务工作效率。直到1990年，美国的Gartner公司提出企业资源计划（Enterprise Resource Planning，ERP），大众才对财务信息化有了更为清晰的认识。之后，SAP、ORACLE、Sage等云应用和服务平台在全球财务信息化发展中壮大起来。财务信息化是指在财务领域引入信息技术，利用计算机和网络为企业财务管理工作提供更加高效、便捷的方式，进而提高财务工作效率。但财务信息化并非简单的网络架构搭建，最关键的是对信息技术及企业资源的协同利用，实现企业资源的高效配置，其实质是在信息化环境下产生的一种全新的财务管理模式。

二、财务信息化系统的特征

财务信息化系统是一种集合各种计算机信息技术的高效管理系统，其主要具有以下特征：

（一）获取财务数据更迅速

采用手工做账的企业，获取财务数据需要很长时间，财务人员需要收集资料并进行计算，有时很容易出现错误，数据不够准确。采用简单会计电算化的企业，由于财务人员不能将每笔账务都随时录入系统，导致财务数据的获取不够及时，有时还需要另外用办公软件建立台账进行备查，工作量大，工作烦琐。如果企业搭建了财务信息化平台，不同部门实时录入业务数据，企业就能很快地在系统中获取所需的数据。例如，要查询实时成本毛利，系统可以自动计算，立即展现，不用等到月底计算出成本，实现快速定价报价。

（二）实时传递业务信息

财务信息化系统可以合理地连接各个部门，各部门分工合作的准确度大幅度提高。例如，生产部门需要生产某个产品，在系统中录入生产产品所需原材料。采购部门接到单据对外进行材料询价，确定最优组合价格录入系统。生产部门和采购部门完成数据录入工作，系统会自动汇总到财务部门，财务部门进行核算分析，检查数据的正确性。销售部门销售商品，实时录入系统，数据生成。财务部门能够接收实时数据，方便快捷，提高工作效率。

（三）便于数据连贯性分析

财务信息化系统可以进行长期的数据分析，没有局限性。无论是金蝶还是用友软件，每年年末结转后都会出现断层，如果要查上一年的数据，必须重新进入上一年的账套，这样很不方便，只能一年一年地分析数据。财务信息化系统能改进这方面的功能，使其具有连续查询数据的功能，实现连续记录并快速查询企业多个年度和跨年度的数据，方便使用者使用。

（四）使用者查询更便利

由于财务信息化系统是连接企业各个部门的平台，因此各个部门都可以进入系统查询自己所需的数据，不需要像以前一样去财务部门进行查询。但是，为了确保企业财务数据的保密性，系统要设置每个使用者的查询权限，在保障数据安全的前提下，为企业的供应商和客户开放数据权限。供应商和客户可随时查询与其相关的数据，同时可根据需要下达订单；企业可以随时与供应商和客户进行往来账款的核对。企业管理者可以随时查询企业的数据，这样可以提高企业管理者决策的准确度。还可以设计一些与企业财务信息化系统链接的手机 App，为财务信息使用者提供查询便利。

（五）异地管理更便捷

财务信息化系统基于互联网 B/S 结构，对企业异地仓库、办事处、门店、分支机构的财务、业务数据进行更便捷的管理。财务信息化系统打破了传统的办公室工作模式，企业管理者无论是在家、在机场，还是在路上，都可以随时随地登录系统，随时掌握企业动态。相关部门通过财务信息化系统，可移动下订单，提高了下订单和处理业务的速度；业务申请可直接发给相关批复人，财务信息传递更为精准、迅速，还可实时查看批复进程。由此可见，财务信息化系统可大幅提高业务处理速度，从而提高客户的满意度。

（六）实现资金流、物流、信息流一体化

在信息技术的支持下，财务信息化系统通过业务活动驱动财务事项，系统直接调用业务活动产生的数据，使业务活动与财务数据同步且一致。

财务部门通过财务信息化系统及时获取资金信息，分析资金流动状况，进而了解物料流动和企业生产经营情况，及时分析企业的成本和利润，为企业管理者决策提供所需信息，实现物流、资金流及信息流的一体化。

（七）财务组织弹性化

财务信息化背景下的财务组织结构不再是传统的垂直式，而是趋向于扁平化、网络化，组织形式多样。企业可以根据自身财务管理活动的需要灵活设置财务组织结构，减少不必要的环节，强化组织部门的横向联系，使上下交流无阻的同时，横向沟通也顺畅，进而及时传递财务信息，方便企业管理者做出正确的财务决策，进一步强化财务控制。

（八）财务管理集成化

企业通过将内部网络和财务信息化系统相结合，把财务与非财务信息作为企业的战略资源加以开发利用，从科学决策和最优控制的角度，把多种现代科学管理的方法和手段进行有机集成，从而实现企业财务资源的综合优化管理。

第三节 财务信息化实施

一、财务信息化实施的概念及目标

（一）财务信息化实施的概念

财务信息化实施主要是围绕企业管理和决策需求，对现有的财务核算的业务流程进行信息化改造的过程。

(二)财务信息化实施的目标

财务信息化实施的目标如下:实现企业经济业务数据的共享,减少数据的手工重复处理,打破信息孤岛;建立高效的集中式管理体系,加强对分公司的监管,避免出现"权力真空";财务与业务处理高度协同,实现企业物流与价值流的同步;解放单一的核算工作,增强财务决策能力;建立适时有效的网络化财务信息系统,实现移动办公、远程控制。

二、财务信息化实施的内容

财务信息化建设涉及方方面面,包括各种产品和解决方案,是企业信息化建设的一部分。不同的企业因为管理模式的不同而有不同的需求,致使其财务、进销、库存、生产等不同的业务流程有不同的侧重点。财务信息化要求从企业战略出发,考虑企业发展愿景和长期目标,设定信息化需要达到的目标,合理开展财务信息化建设。企业要根据自身需求,判断是否需要依靠统一的网络系统,以及商业智能报表系统软件的支持,深入开展数据分析。总体来说,财务信息化的实施主要包括财务信息化蓝图设计、财务数据信息化、财务流程再造和财务数据一体化、内部控制设计及控制过程管理、人员行为规范管理等方面的内容。

(一)财务信息化蓝图设计

财务信息化实施前,必须明确财务信息化所要实现的目标和达到的程度,要充分理解财务信息化的流程与企业现行业务流程的差异,固化相应的业务和数据逻辑,完善相应的授权审批权限,确保蓝图设计最优化。所以,在蓝图设计阶段,需要设计公司和企业进行充分的沟通,一方面充分了解企业的财务流程，另一方面了解财务信息化软件运营原理，固化企业的所有业务流程，确保在风险可控的前提下，持续提升运营效率。财务信息化蓝图设计的合理性和完整性将直接影响财务信息化实施的效果。

（二）财务数据信息化

企业应该建立并持续优化企业信息化管理系统，将财务数据录入系统，并导入相应的业务数据，注重数据的合理性和完整性。数据初始化是否规范完整，将直接影响信息化水平。在财务信息化过程中，企业不仅要关注各个子系统信息的完整性，还要保证各个子系统信息的钩稽关系，以及数据采集的时点统一性，保证信息化系统与原系统的无缝链接。同时，在财务信息化系统的基础上，可以适时加入以网上银行系统、合同管理系统、网上办公系统、物资需求计划（Material Requirement Planning，MRP）系统等为辅的相关财务信息化管理核算系统。

（三）财务流程再造和财务数据一体化

财务信息化实施后，必将对企业原有的业务流程产生较大冲击，企业需要根据蓝图设计制定的流程对现行流程进行改造和优化，同时需要将业务流程与财务流程进行优化，实现数据交换的无缝链接，保证财务和业务数据一体化，充分实现财务数据共享，促进各部门决策基础的同一性，实现存货信息快速传递、货款回收集中、分支机构各项费用合理控制并按需及时拨付等。

（四）内部控制设计及控制过程管理

财务信息化不仅要保证流程的优化效率，而且要保证风险可控，确保各项业务流程的授权审批权限分配合理,不兼容岗位职责分配合理,优化效率。在风险控制过程中,要不断评估反馈,持续优化内部控制流程,遵循内部控制的重要性、制衡性和成本效益等原则。

(五)人员行为规范管理

所有信息系统都离不开人的使用,脱离了人的使用,再完美的系统都是虚设;同时,再完美的系统如果缺乏合理的使用,执行的效果都会大打折扣。为保证系统的合理、高效运行,企业必须对系统操作人员进行培训,确保所有系统操作人员都能够按照岗位职责开展相应工作。

三、财务信息化实施的相关规范

财务信息化实施以会计信息化为基础,会计信息化的工作规范适用于财务信息化实施。2013年12月6日,中华人民共和国财政部(以下简称财政部)印发《企业会计信息化工作规范》(财会〔2013〕20号),明确信息化实施中选取软件和服务应满足工作规范中第二章第六条至第二十条的规定,包括:不得有违背国家统一会计准则制度的功能设计;会计软件的界面应当使用中文并且提供对中文处理的支持;会计日常业务处理规范;等等。企业财务信息化过程应满足第三章"企业会计信息化"相关规定,必须接受第四章中涉及的政府部门的监管。

第四节 财务信息化评价标准与评价体系

一、财务信息化评价的意义

目前,我国企业财务信息化建设水平参差不齐,因此,如何把握和评价企业财务信息化的发展程度显得十分必要,其意义在于:①为企业充分正确了解其财务信息化建设水平、提高财务信息化建设质量提供参考;②可以为国家财务信息化管理部门制定各项标准和政策提供重要依据;③有利于国家信息化战略的顺利实现;④促进财务信息化理论的发展。

二、财务信息化评价标准

结合财务信息化相关实践经验及相关企业制定的评价标准,对企业财务信息化水平的评价标准进行总结。企业集团财务信息化总体评价标准可以分为五个等级:准备级、初始级、提升级、管控级和创新级。

准备级:会计电算化阶段,以使用会计核算软件为主要标志。

初始级:集团化财务核算管理阶段,以实现集团会计集中核算管理功能、实时合并财务报表为主要标志。

提升级:集团化财务管控阶段,以实现信息化管理控制财务活动全过程为主要标志。

管控级:集团财务业务一体化阶段,以实现经营活动与财务管理互为协同为主要标志。

创新级:优化和持续改进阶段,以能够不断适应财务管理和信息技术发展为主要标志。

三、财务信息化评价体系

（一）财务信息化评价的内容

任何评价都应该遵循全面性、客观性、准确性、动态性和易操作性原则，因此，企业财务信息化建设涉及的内容均应作为其评价的内容。按照生命周期法，从企业财务信息化的提出到开始建设，最后到维护、完善和更新，应该是一个不断循环的过程。财务信息化评价的内容可以归结为以下几个方面：

1. 组织与战略方面

财务信息化是一项系统工程，财务信息化组织的领导力无疑是实现财务信息化的重要保障。企业必须先有正确、合理的财务信息化战略规划，才能引领信息化不断前进。从过程上来说，这也是财务信息化建设的重要前提。

2. 基础建设与保障方面

企业财务信息化一定要借助计算机等硬件设施和优秀的管理软件，所以财务信息化的工具不可或缺。但这种信息化的新环境显然会对内部控制、安全风险等造成一定的影响，包括后期对硬件、软件的维护等，因此必须制定相应的制度并切实得到执行才能保证财务信息化的健康发展。

3. 信息化运用方面

财务信息化只有通过实际运用才能体现出它的价值，具体包括会计软件使用率、软件模块与实际业务的耦合度、软件运用的便利性、与其他业务模块的数据交流等方面。

4. 绩效方面

财务信息化的目的是提高管理效率、规范管理流程，从而及时提供更加准确、完整的决策信息。它是一项投入，因此必须考核其绩效情况，主要评价绩效的效益性和效果性。

5. 人力资源方面

财务信息化最终还需要通过人的干预才能实现，因此操作人员的技能水平和受教育情况应该得到足够重视。

（二）财务信息化评价指标体系

在明确了财务信息化评价内容后，必须采取可操作的措施来进行评价，即构建评价的指标体系。由于财务信息化既包含定性的内容，如组织建设、制度建设等，又包含可以量化评价的内容，如绩效等，因此必须综合考虑评价指标体系。

一般来说，评价指标应尽量反映能代表其评价内容的核心，指标不宜过多（一般以3～5个为宜），即采取关键指标法（也称"二八"理论）。确定的评价指标必须易于取得量化的数据，才能保证便于实施与比较。

结合已发布的《中央企业信息化水平评价暂行办法》（国资发〔2008〕113号）和《建筑施工企业信息化评价标准》，同时结合企业财务信息化的内涵和评价内容，按照关键指标法建立的评价指标体系如表2-1所示。

表2-1　财务信息化评价指标体系

目标层	准则层	指标层
财务信息化评价指标体系（A）	组织与战略方面（A1）	组织的健全与领导水平（A1-1）
		战略规划的制定与执行程度（A1-2）
		信息化分析程度（A1-3）
	基础建设与保障方面（A2）	累计财务信息化投资占近三年平均收入率（A2-1）
		制度制定与执行水平（A2-2）
		安全保障、执行程度（A2-3）
	信息化运用方面（A3）	信息化模块数（A3-1）
		信息化模块与实际业务的耦合性（A3-2）
		信息化运用覆盖率（A3-3）
	绩效方面（A4）	提高会计工作和信息的标准化程度（A4-1）
		提高工作效率程度（A4-2）
		决策者对会计信息及时、完整、准确的满意程度（A4-3）
	人力资源方面（A5）	操作人员的信息化水平（A5-1）
		信息化培训率（A5-2）
		信息化专业人员率（A5-3）

（三）财务信息化评价指标体系说明

指标体系中的"准则层"是根据评价内容确定的，每个准则层再细分核心指标而得到指标层。为便于计算，指标层的数值按照不同定性水平转换为定量水平进行打分，再乘以指标层和准则层的权重，逐级计算出总水平分值。

指标层的分值一般分为五个层级，依次为100、80、60、40、20。每一分数段代表一类水平。因指标层项目较多，限于篇幅这里不再说明。

（四）指标权重及评价数学模型的确定

1.权重的确定

因财务信息化评价体系是由各指标组成的，然而准则层和指标层对总体财务信息化评价的影响程度并不是相同的，因此必须确定准则层相对于目标层及指标层的权重。

德尔菲法和层次分析法（Analytic Hierarchy Process，AHP）都是确定权数比较好的办法，但层次分析法计算较为复杂。两者原理一致，只是层次分析法对专家结果进行了逻辑性检验；而德尔菲法的逻辑性在专家确定结果时即进行了检验，属于前置检验。因此，采用德尔菲法确定指标权数具有更加简便易行且不影响准确性的特点。

根据指标体系，分别将权重调查表发给五位专家，专家们对权重进行独立评判，收集调查表，按五位专家的权重数计算每项指标的平均值。根据整理后的每位专家的评判情况，可得出财务信息化评价指标体系中具体评价指标相对于目标层的权重。

2. 评价分值说明

因每项具体评价指标均采用最高100分的分值，因此可以按评价分值确定财务信息化建设程度，以确定其水平和等级。企业财务信息化水平等级区分如表2-2所示。

表2-2　企业财务信息化水平等级区分

序号	水平等级	总分值范围
1	A级	80≤A≤100
2	B级	60≤B<80
3	C级	40≤C<60
4	D级	20≤D<40
5	E级	E<20

表2-2中，A级表示已全面有效地实施财务信息化，规范化程度很高，基础建设和制度保障完善，运用程度很高，发展很成熟，能有效促进企业加强管理，进一步提高竞争力。其财务信息化水平很高，处于国内或行业领先水平。

B级表示已基本实施财务信息化，规范化程度较高，基础建设和制度保障较为完善，运用程度较高，发展较为成熟，基本能有效促进企业加强管理，但需要进一步加强财务信息化建设。其财务信息化水平较高，处于国内或行业一般水平。

C级表示已部分实施财务信息化，基本形成了财务工作规范化，基础建设和制度保障一般，运用程度一般，财务信息化建设需要引起充分重视。其财务信息化水平一般。

D级表示很小部分实施了财务信息化，财务工作规范化不强，基础建设和制度保障较差，运用程度较差，财务信息化建设处于入门阶段。其财务信息化水平较差。

E级表示财务信息化水平很差，基本还未开始发展财务信息化。

第四章 财务管理分析

第一节 财务管理信息系统概述

一、管理信息系统

管理信息系统是在20世纪中后期由高登·戴维斯提出的,他对管理信息系统的定义是,管理信息系统是一个利用计算机硬件和软件,手工作业,分析、计划、控制和决策的模型以及数据库的用户——机器系统。它能提供信息,支持企业或组织的运行、管理和决策功能。随着信息技术的不断发展,管理信息系统的定义发生了一定的变化,人们对管理信息系统的理解也更加深入。管理信息系统是由人、信息处理设备以及运行规程组成的,以信息基础设施为基本运行环境,通过采集、传输、存储、加工处理各种信息为企业提供最优战略决策,支持企业集成化运作的人机系统。在这个定义中,指出了构成管理信息系统的三个要素。其中,"人"作为第一个也是最重要的一个要素,不仅是管理信息系统的使用者,也是系统的规划者、控制者和运行管理者,系统面向的层级越高,人的参与程度就越高。基础设施为管理信息系统创建了一个运行的物理环境,并始终服从管理信息系统的目标。

二、财务管理信息系统

（一）财务管理信息系统的定义

企业的管理信息系统可分为事务处理系统（Transaction Processing Systems，TPS）、管理信息系统（Management Infomation System，MIS）、决策支持系统（Decision Support System，DSS）和人工智能/专家系统（Artificial Intelligence，AI／Expert System，ES）四个层次。

最底层的 TPS 系统用于记录和保存企业业务活动的基本信息；MIS 系统用于整理并简单分析各项信息；DSS 系统用于向企业高层提供支持决策的相关信息；AI/ES 系统用于对信息做出反馈、管理和控制。完整的财务管理信息化实际上是 DSS 系统与 AI/ES 系统的有机结合，根据 MIS 系统提供的数据得出支持决策的信息，通过系统控制实现财务管理与控制。

目前，学界对财务管理信息系统的定义仍然没有形成一致的认识。从系统论的观点来看，财务管理信息系统的定义应包含财务管理信息系统的目标、构成要素以及财务管理信息系统的功能等几部分内容。

财务管理信息系统的目标要以企业财务管理的目标为最终标准，换言之，财务管理信息系统的最终目标即实现企业利益最大化，这个目标通过决策支持得以体现。相较于传统信息系统，财务管理信息系统工作的中心是支持决策活动和控制过程。

信息技术、数据、模型、方法、决策者和决策环境等是构成财务管理信息系统的主要部分。

财务管理信息系统的功能主要体现在财务决策和财务控制两个方面。

财务决策和财务控制是现代财务管理的基本职能，其他职能都可以视为财务决策和财务控制派生出的职能。

综上所述，财务管理信息系统可以定义为：在信息技术与管理控制的环境下，由决策者主导和获取支持决策的数据，构建决策模型用于财务决策，并将决策转化为财务控制，以实现企业利益最大化为目标，对业务活动进行控制的管理信息系统。

在很长一段时间内，人们对财务管理信息系统都没有形成一个明确的认识，曾提出过"理财电算化"的概念，其实质就是通过计算机软件构建财务管理分析模型。"理财电算化"的提出很容易让人对财务管理信息化产生错误的认识，认为财务管理信息化就是单纯地在财务管理工作中运用计算机技术。

财务管理系统的提出帮助人们纠正了对财务管理信息化的错误认识，以系统论思想为指导建立财务管理信息系统。随着现代信息技术的飞速发展，构建财务管理信息系统的各项条件均已具备。

（二）财务管理信息系统的特点

从财务管理信息系统的定义可以看出，财务管理信息系统的特点可以概括为具有动态性、由决策者主导、与其他管理信息系统联系紧密、具有高度的开放性和灵活性四个方面。

1. 财务管理信息系统具有动态性

财务管理环境决定了财务管理活动，而企业的财务管理环境是在不断变化的。企业财务决策与控制策略取决于企业战略，所以财务管理信息系统没有统一的标准，不同企业间也很难互相参照。这就决定了企业财务管理信息系统具有动态性特点，它会随着企业战略与财务管理环境的变化而变化。

2. 财务管理信息系统由决策者主导

低端的管理信息系统能够实现高度的自动化处理，但财务管理信息系统不同，它面向的是企业的高层，为企业高层的决策活动服务，所以财务管理信息系统会涉及大量的分析与比较工作，需要对信息进行智能化的处理，这就决定了财务管理信息系统由企业决策者主导。

3. 财务管理信息系统与其他管理信息系统联系密切

财务管理信息系统包含在整个企业信息化系统中，是组成企业信息化系统的重要部分。支持决策的数据来自不同的信息系统，财务管理信息系统需要实现与其他信息系统的数据共享或系统的集成。财务控制的执行依赖于各业务系统的子系统，需要具备确保财务计划、财务指标等各项控制措施"嵌入"信息系统的能力，充分发挥财务管理信息系统的控制能力。

4. 财务管理信息系统具有高度的开放性和灵活性

财务管理信息系统具有高度的开放性和灵活性是为了适应复杂多变的决策环境和不同的财务管理模式。首先，财务管理信息系统应允许管理者制定个性化决策流程和控制流程，能够根据不同需求重组和构建企业财务管理流程；其次，财务管理信息系统应具备支持不同数据库管理系统和异构网络的功能；最后，财务管理信息系统应具有一定的可扩展性和良好的可维护性，能实现动态的财务管理。

（三）财务管理信息系统的基本运行模式

财务管理信息系统运行分为财务决策环境分析、财务决策制定、财务决策执行以及财务决策评价四个阶段。这四个阶段要在一定的企业环境和信息技术环境下实现，它们彼此联系，共同构成财务管理信息系统的基本运行模式。

财务决策环境分析阶段，需要对财务决策进行风险评估，明确决策目标、决策的各项约束条件和实现目标的关键步骤。这既是财务管理信息系统运行的第一个阶段，也是财务决策的准备阶段。管理者通过信息技术平台能够获取相应的信息，并引入财务决策过程中。

财务决策制定阶段是构建财务决策模型的阶段，通过决策模型获取支持决策的所有数据，并通过大量的比较与分析从众多方案中选出最优方案，生成相应的计划、指标和控制标准。

财务决策执行阶段需要根据决策方案进行预算并进行资源配置，控制财务决策的执行过程，包括控制执行进度、预算执行、了解资源消耗情况等。

财务决策评价阶段将评价结果与预期控制指标进行比较，看是否存在偏差。若存在偏差则需要分析原因，并进行修正；若判断为决策失误，则需要重新制定决策；若决策执行过程中存在偏差，则需要重新评估决策环境。

财务决策的执行阶段和评价阶段在实际的财务管理信息系统中通常会集成于具体业务处理系统中。财务管理信息系统是能与业务处理系统的数据接口共享的集成化控制平台，从而保证财务管理信息系统职能的发挥。

（四）财务管理信息系统的结构

决策与控制是信息化环境下财务管理的两大基本职能，财务管理信息系统也是围绕这两个职能进行结构设置的。

财务决策子系统主要包括企业筹资决策信息化、投资决策信息化、股利分配信息化三部分内容。具体来说，财务决策子系统包括用户决策需求分析、决策环境分析、决策模型构建、决策参数获取、决策结果生成等模块，并包含模型库、方法库和数据库等基本数据库管理系统。

预算控制子系统根据企业决策及决策方案中提出的计划和指标等进行预算，并且对预算进行执行、管理与监控。

成本控制子系统与成本核算子系统共同完成成本计算、成本分析等工作，并通过各种手段合理降低生产成本。

第二节 财务管理过程

企业的一切活动都是由业务活动引起的，包括物的活动、信息活动和管理活动。这里所说的"物"不仅包括各种物资，也包括各种人力资源，还包括现金、证券等资金资源。

企业业务活动的发生引发了包括原材料、辅助材料、机器设备等物资活动，业务人员、生产人员、管理人员、工程技术人员等人力活动，以及货币、证券等资金活动。信息活动是对企业业务过程、物流及管理活动的信息进行反映和管理的活动。与物资流转过程相对应的是资金运动过程，在这个过程中，企业资金不断地从一种形态转化为另一种形态。

一、企业财务管理过程

企业的再生产过程也是资金运动的过程，这个过程由一项项财务活动组成，企业在组织财务活动的过程中，与各方面发生财务关系。财务管理就是组织财务活动、处理财务关系的一项经济管理活动。

随着再生产过程的延续，企业资金从货币资金开始，依次经过获取、转换和销售三个阶段，分别表现为储备资金、固定资金、生产资金、成品资金等各种不同形态，然后又回到货币资金形态，如此不断地循环往复，形成资金的循环与周转。

（一）筹集资金

筹集资金是再生产活动的前提，也是资金运动的起点。它是在国家宏观调控政策的指导下，从企业自身的生产经营状况及资金运用情况出发，根据企业未来经营策略和发展的需要，经过科学预测和决策，通过一定渠道，采用一定方式，取得生产经营所需资金的一项理财活动。

（二）投放与使用资金

投放与使用资金是企业将筹集的资金采用不同方式投入再生产的过程。一部分用于建设厂房、购买设备，形成劳动手段，即固定资金；另一部分用于采购材料、物资等劳动对象，形成储备资金，以保证生产经营活动的进行。

（三）耗费资金

在生产经营过程中，生产者使用劳动手段对劳动对象进行加工，生产出产品，形成成品资金。在这一过程中需要消耗各种材料、物资等，产生固定资产损耗、支付工资以及其他各种费用。资金耗费的过程也是价值创造和价值形成的过程。

（四）收入与分配资金

资金的收回主要包括通过产品销售取得销售收入，使成品资金又转化为货币资金，以及将资金直接投放到证券市场获得投资收益两个过程。

分配资金将企业取得的收益分为三个部分：一部分用于重新购置劳动手段和劳动对象，支付工资和其他费用，进行生产周转，使企业的生产经营活动持续进行；一部分用于依法缴纳各种税款、弥补前年度的亏损；还有一部分形成企业的税后利润进行分配。

二、财务管理过程与业务过程之间的关系

从前面的财务管理过程可以看到，财务管理过程与业务过程存在紧密的联系。把这种联系抽取出来，我们就可以更深刻地理解财务管理过程与业务过程的关系。

三、财务管理过程与财务管理信息系统的关系

财务管理信息系统是实现财务目标、进行财务信息业务处理的直接工具。它要从财务管理过程中获得财务数据，然后应用自己特定的财务方法和规则，对这些数据进行加工处理，并以报告形式向财务信息使用者反映企业资金筹集、投放、运用和收入分配的财务信息。

第三节　财务管理信息系统的开发利用

财务管理信息系统与其他信息系统一样，是一个复杂的系统工程，涉及面广、联系的部门多，与企业的管理、业务、组织等息息相关。

一、财务管理信息系统的开发方法

财务管理信息系统的开发方法是软件开发工作方法的具体描述，详细给出了软件开发工作中各阶段的详细工作方法、文档格式、评价标准等。在确定了信息系统的开发模式后，就要按照一定的开发方法进行系统的开发。常见的系统开发方法有结构化系统开发方法和面向对象的开发方法。

（一）结构化系统开发方法

结构化系统开发方法是目前普遍使用的较为成熟的系统开发方法，它采用系统工程开发的基本思想，将系统结构化和模块化，然后对系统进行自上而下的分析与设计。具体来说，是将整个信息系统进行规划，划分为若干个相对独立的阶段，再对阶段进行自上而下的结构化划分。在划分过程中，应从最顶层着手，逐渐深入最底层。在进行系统分析和设计时，先从整体入手再考虑局部。而在系统实施阶段就要采取由下至上的实施方法，从最底层模块入手。最后由下至上地将模块拼接起来并进行调试，组成一个完整的系统。

在划分系统时，通常将系统分为系统规划阶段、系统分析阶段、系统设计阶段、系统实施阶段和系统运行与维护阶段五个首尾相连的阶段，也叫系统开发的生命周期。

1. 系统规划阶段

根据系统开发的需求做初步调查，确定系统开发的目标和总体结构，明确开发过程中各个阶段的实施方法和可行性分析，生成可行性分析报告。

2. 系统分析阶段

这是系统开发的第一个阶段，围绕系统开发的目标深入调查现行系统和目标系统，通过系统化分析建立系统的逻辑模型。在系统分析阶段，主要是对管理业务流程和数据流程进行调查并形成系统分析报告。

3. 系统设计阶段

此阶段是根据上阶段构建的系统模型设计物理模型，主要为总体结构设计和详细设计，形成详细的系统设计说明书。

4. 系统实施阶段

系统实施阶段是根据上阶段的设计进行程序设计与调试、系统转换、数据准备、系统试运行等。同时，还要形成相关技术文本，如程序说明书、使用说明书等。

5. 系统运行与维护阶段

这一阶段是系统正式开始运行的阶段，主要任务是负责系统的日常管理、维护与评价。

（二）面向对象的开发方法

面向对象的开发方法是以人对客观世界的习惯认识与思维研究、模拟现实世界的方法。在这个方法中，客观事物都可视为一个对象，客观世界就是由一个个不同的对象构成的，每个对象都有自己的运行规律和独特的内部状态，不同对象之间相互作用、相互联系，共同构成了完整的客观世界。

面向对象的开发方法强调以系统的数据和信息为主线进行系统分析，通过全面、详细的系统信息描述指导系统设计。面向对象的开发过程通常分为需求分析、面向对象分析、面向对象设计以及面向对象程序设计四个阶段。

需求分析：调查研究系统开发的需求和系统的具体管理问题，明确系统的功能。

面向对象分析：在问题域中识别出对象以及对象的行为、结构、数据和操作等。

面向对象设计：进一步抽象、整理上述分析结果并形成确定的范式。

面向对象程序设计：将上一阶段整理出的范式用面向对象的程序设计语言直接映射为应用程序。

运用面向对象的开发方法时，系统分析和系统设计需要反复进行，充分体现原型开发的思想。

二、财务管理信息系统的需求分析

财务管理信息系统的需求分析是十分必要的。无论财务管理信息系统采用哪种开发方法，只有通过需求分析才能明确系统的功能和性能，为后续的开发奠定基础。需求分析实质上是一个逐渐加深认识和细化的过程，通过需求分析，能够将系统的总体规划从软件工作域逐步细化为能够详细定义的程度。

财务管理信息系统的使用者对需求分析也具有重要作用。使用者规定了基本的系统功能和性能，开发人员在使用者基本需求的基础上进行调查分析，将使用者的需求转换为系统逻辑模型，最终以系统说明书的方式准确地表达出来。下面以结构化系统开发方法为例，介绍需求分析的目的和过程。

（一）需求分析的目的

需求分析即细化财务管理信息系统的要求，全面、详细、系统地描述系统的功能和性能，明确系统设计的限制以及与其他系统的接口细节，对系统其他有效性需求进行定义。通过需求分析将系统的需求细化，为系统开发提供必备的数据。在完成系统开发后，系统需求说明书还将成为评价软件质量的重要依据。

财务管理信息系统开发的最终目的是创建目标系统的物理模型，即解决怎么做的问题。物理模型是由逻辑模型实例化得到的。与物理模型不同的是，逻辑模型不考虑实现机制与细节，只描述系统要完成的功能和处理的数据。需求分析的任务就是借助于现行系统的逻辑模型导出目标系统的逻辑模型，解决目标系统"做什么"的问题。

获得现行系统的物理模型：现行系统的类型多种多样，所以在获得现行系统的物理模型这一步中，要对现行系统进行全面、详细的了解，最终通过一个具体的物理模型客观地反映现行系统的实际情况。

抽象出现行系统的逻辑模型：这一步骤的实质就是区分决定现行系统的物理模型的本质因素和非本质因素，去掉其中的非本质因素，获得反映系统本质的逻辑模型。

建立目标系统的逻辑模型：将目标系统与现行系统进行比较，确定目标系统与现行系统在逻辑上的差别，将与现行系统有差别的部分视为新的处理步骤进行相应的调整，由外至内地分析变化部分的结构，推导出目标系统的逻辑模型，最后进行补充和完善，获得目标系统完整、全面、详细的描述。

（二）需求分析的过程

需求分析的过程可以概括为问题识别和分析与综合。

1. 问题识别

通过系统分析阶段生成的可行性分析报告和系统开发项目实施计划，明确目标系统的需求、需求应达到的标准以及实现这些需求所需的条件。系统需求主要包括功能需求、性能需求、环境需求、可靠性需求、安全保密需求、用户界面需求和资源使用需求等。

2. 分析与综合

细化各系统功能，明确系统中不同元素之间的联系和设计上的限制，分析其能够切实满足系统功能的要求，明确系统功能的每一项需求。在明确系统功能需求的基础上分析其他功能需求，进行合理的改进、补充和删改，最终形成逻辑模型并详细地描述出来。

第四节 财务管理信息化应用的主要信息技术

在财务管理信息化过程中,需要应用其他信息技术以更好地实现财务管理目标。下面对相关技术进行介绍:

一、因特网技术、企业内部网技术和企业外部网技术

(一)因特网技术

因特网是一种全球计算机网络系统,按照一定的通信协议,通过各种通信线路将分布于不同地理位置上、具有不同功能的计算机或计算机网络连接起来。因特网技术是以通信协议为基础组建的全球最大的国际性计算机网络。我们可以通过因特网收发电子邮件,远程登录访问系统资源,进行文件传输,通过万维网访问各种链接文件,等等。企业中的部门与部门,以及企业与企业间都可以通过因特网及时、便捷地分享各种信息,实现低成本的集成、协调管理的目标。

(二)企业内部网技术

企业内部网是按照因特网的连接技术将企业内部的计算机或计算机网络连接起来的企业内部专用网络。企业内部网只在企业内部进行信息和数据的传输与交换,涉及企业内部经营管理的各个方面。企业内部网是实现电子商务的基础,企业内部网的用户都使用同样的网络浏览器,企业的决策执行、生产分工、产品销售等一系列商务行为都可以在企业内部网上一目了然,使企业内各部门之间的联系和协作更加流畅、快捷。同时,在企

业内部网上，信息的存放位置都是固定的，企业内部信息共享更便捷，确保企业内部信息的高度共享以及动态、交互式地存取信息。

（三）企业外部网技术

企业外部网是利用因特网技术将企业内部网与企业外部的销售代理、供应商、合作伙伴等联结起来形成的信息交换网络。价值链中的几家企业共享一个封闭的网络，能够更加方便、快捷地进行企业间的信息共享与线上交易，还能避免因特网安全问题带来的风险。

二、电子商务技术

随着信息技术不断进步与发展，经济全球化不断深入，电子商务的概念和内涵也在不断扩充和发展。直到今天，人们仍然没有给电子商务下一个统一的定义，我们可以认为电子商务是以现代信息网络为载体的新型商务活动形式，是通过信息网络实现商品与服务交易的所有活动。

从企业的角度来看，电子商务既是面向外部市场的商务活动，也是面向内部的经营管理活动。通过因特网进行电子数据交换，企业的一切商务活动如广告宣传、网络营销、产品发送、业务协作、售后服务等都可以实现。而在企业内部，可以通过信息化、网络化管理实现企业内部活动与外部活动协调一致。与传统贸易活动相比，电子商务具有以下优势和特点：首先，开放性的电子商务平台使商务活动打破了空间的限制，为企业搭建了进入更大范围市场的桥梁。因特网为企业提供了无限广阔的市场，电子商务的应用使许多服务能够通过信息技术来完成，从而更好地满足人们的需求。其次，电子商务为全球商务活动的统一奠定了基础。电子商务实现了全球范围内的信息共享,这也要求企业在相应的技术条件下遵守相同的商务规则,促进了全球商务活动的统一。再则,安全性是电子商务必须考虑的重点问题。保护交易信息以及保障交易的安全性成为电子商务发展的重要环节,建立健全电子商务相关法律法规,规范电子商务交易环境也是新环境下的重大课题。最后,电子商务在打破空间壁垒的同时,也对企业的协调能力提出了新的要求。商务活动是一个与供应商、客户、合作伙伴相互协调的过程。比如,在世界范围内采用开放的、统一的技术标准,建立统一的商务平台、电子税收分配机制等。

三、数据仓库、数据挖掘与商务智能技术

(一)数据仓库

数据仓库是由面向决策的多数据源集成的数据集合。数据仓库不是数据库,它面向的是决策,用于管理层管理决策信息并进行分析,可以通过数据挖掘技术在数据仓库中获取决策所需的各类信息。

(二)数据挖掘

数据挖掘是从大量数据中提取有用信息并对未来进行预测的过程。数据挖掘以挖掘对决策有价值的、有用的信息为根本目的。

(三)商务智能技术

商务智能技术目前仍然没有一个统一的定义,广泛的说法是通过信息技术收集、管理、分析信息和数据的过程或工具。商务智能技术的目标是改善决策水平,提高决策的及时性、正确性和可行性。

四、信息系统集成技术

集成是将系统或系统的核心部分、核心要素连在一起使其成为一个整体的过程。在企业信息化过程中,集成用于构建复杂的系统,以及解决复杂系统的效率问题。笼统地说,信息系统集成能够优化企业的业务流程,强化绩效的动态监控,有效解决信息孤岛化的问题。

根据信息层次的不同,可将信息系统集成划分为物理集成、数据和信息集成以及功能集成三种。物理集成是构建一个包含硬件基础设施和软件系统的集成平台,实现系统运行与开发环境的集成;数据和信息集成是将数据和信息进行统一规划、存储和管理,实现不同部门、不同层级间高效的信息共享;功能集成是将各部门的各项功能进行统一规划和分配,在应用上实现各部门事务的协同处理。

根据集成内容的不同可将信息系统集成分为过程集成和企业集成两种。过程集成的实现是建立在信息集成基础上的,通过过程之间的协调为财务管理清除各项冗余和非增值的子过程,以及由人为或资源等造成的影响过程效率的各种障碍。企业集成包含两层含义:一是在过程集成的基础上形成的由人、管理和技术集成的企业内集成;二是基于外部网络的企业与企业间信息交换与业务处理的企业间集成。

第五章　财务管理信息化的实践探索

第一节　财务管理信息化的表现形式——财务软件

一、财务软件

会计信息系统的核心部件是财务软件。财务软件是一种用来完成会计工作的软件，它包含由各种计算机语言编写的一系列软件。会计、财务管理和现代信息技术的结合产生了财务软件。

（一）财务软件的发展历程

1979年，财政部指定长春第一汽车制造厂（以下简称"一汽"）作为试点单位，拨款500万元，调用大量技术人才，首次将计算机技术用于会计。1981年8月，在财政部、第一机械工业部、中国会计学会的支持下，一汽召开了专题学术研讨会，"会计电算化"这一专有名词应运而生，并被广泛使用。

20世纪80年代初到80年代末，财务软件经历了一个从无序发展到有序发展的过程，产品以企事业单位自行开发为主。

20世纪80年代末到90年代中期,社会上出现了一批专门制造财务软件产品的企业,商品化财务软件市场逐渐形成,售后服务日趋成熟,人们逐渐接受了购买财务软件比自己开发更方便、合算的事实。

20世纪90年代中后期,管理型财务软件、网络财务软件、自助式财务软件等逐渐受到人们欢迎。财务软件的制造商为满足人们对新事物的追求,推出了一个又一个新产品。

21世纪初至今,财务软件开发的焦点主要集中在ERP(Enterprise Resource Planning,即企业资源计划)管理软件和电子商务软件上。财务软件已经由粗放型走向精细型,将单一模式改为综合模式。

(二)财务软件的分类

财务软件的种类有很多,可以按照不同的方式进行划分。

1. 按照使用范围划分

财务软件按照使用范围可以分为通用财务软件和专用财务软件。

通用财务软件是指一般企业都可以使用的财务软件。通用财务软件的优势是企业可以根据自己的情况选择会计处理方法,这是对财务软件时间和空间的突破,具有普遍的现实意义。但它也有缺点——更难初始化。财务软件越来越普及,越来越难以考虑每个用户对会计核算的详细要求。

专用财务软件即专门定制的财务软件,它是指那些仅适合于个别单位处理会计业务的财务软件。专用财务软件一般是企业针对自身会计核算和管理的特点,自己开发或者委托专业部门研发的财务软件。

2. 按照提供信息的层次划分

财务软件按照提供信息的层次可以分为核算型财务软件和管理型财务

软件。

核算型财务软件是指专门用于会计核算工作的财务软件，主要实现核算的电算化。会计电算化的重要功能是会计核算的电算化，它主要是面向事后核算，表现为采用多种专门的会计处理方法，实现用计算机进行会计数据核对和处理，完成企业会计电算化的基础工作。

管理型财务软件具有事前核算、事中核算和辅助决策等功能，为会计核算提供信息资料，从而发挥管理作用。

3. 按照系统软硬件结构划分

财务软件按照系统软硬件结构可以分为单机结构财务软件和网络结构财务软件。

单机结构财务软件能将所有应用程序和数据库模块运行在一台计算机上，其优点是使用方便，缺点是资源不能共享，在同一时间只能供一人使用。

网络结构财务软件可以分享数据库，在工作站中可以安装财务软件的全部或部分运行程序。

（三）财务软件项目的实施方法

通常财务软件项目如果按照以下步骤实施，可以保证财务软件稳定地运行：

1. 总体规划，分步实施

财务软件的内容很广泛，所以实施财务软件项目时要有整体规划，按照管理要求，根据简单和复杂程度确定先后次序，先重点突破，再分阶段一步一步地实现。实现方法如果得当，可以达到事半功倍的效果，财务软件也可以稳定地运行。

2. 设立专门组织

为保证财务软件项目顺利实施，需要在企业中设立三个组织，即领导小组、项目小组和职能小组。因为财务软件不仅是一个软件系统，还体现了先进的管理思想，直接关系到企业操作模式的调整、业务流程的变化和人事变动。

二、财务软件的使用建议——以中小企业为例

中小企业的财务软件应用存在片面强调高效而忽略会计制度、片面强调核算功能而分析功能不实用、各模块功能不匹配、与其他软件难以对接、软件成本昂贵、与企业要求不符、售后跟不上，以及领导层意识缺失、缺乏复合型人才等问题。为了中小企业的财务软件能更好地应用和发展，软件供应商开发的财务软件要与现行财会法律法规相匹配，注重财务软件的通用性和匹配性。对于财务软件成本昂贵及与企业现状不匹配等情况，可以根据企业自身需求为其量身定做。同时，企业还应该注意提高领导层的重视程度和财务人员的专业素质。

（一）中小企业在财务软件应用过程中需要改善财务软件的功能

财务软件的功能是中小企业在使用财务软件的过程中所关注的主要问题。中小企业在应用财务软件的过程中要特别注意以下几个问题：

1. 财务软件应用要与现行财会法律法规相匹配

中小企业在选择软件供应商开发财务软件时，要特别注意财会方面的法律法规及内部控制的有关制度，要考虑到企业财务人员的操作习惯。例如，"反记账""反结账"这样的操作功能不应随便使用，即使必须使用，

也必须设置使用权限，应由财务主管之类的人员使用。这些功能应该作为万不得已下的补救措施而不是日常使用的功能。另外，财务人员的操作习惯也要规范，要与财会法律法规相匹配。

2. 财务软件要与企业情况相匹配

中小企业在向软件供应商购买财务软件时要关注两个问题：一是根据企业的情况提要求，在功能设置上要多加考虑，加强软件的分析功能，使之能够为企业领导层决策提供有用的信息；二是能够加强对企业财务的控制，而不能仅注重包装。

3. 做好财务软件的初始化工作和日常规范操作

财务软件的初始化是一项非常重要的工作，其设置合理与否直接关系到未来系统能否满足企业的会计核算与管理要求。日常操作也非常重要，应当设置人员权限，这有利于企业的内部控制。

第一，做好财务软件初始化工作。由于财务软件初始化具有重要性和基础性，所以财务软件初始化工作尤为重要。财务软件初始化不能依赖供应商的售后服务，所有科目都要根据企业自身的情况结合有关部门的规定进行设置。

第二，做好日常规范操作。企业应当为每个岗位设置权限。具体来说，应该根据企业的实际情况，结合企业业务的规模和复杂程度确定各岗位的具体权限。特别是在设置主管账户的权限时，不能只考虑方便，这不符合内部控制的要求。即使确实需要设置多个主管账户，也应该是设置各自对应权限。同时，财务人员应尽量不使用反记账功能，要做到账务清楚。另外，财务人员要注意加强档案管理。为保证相关记录的真实性，应将纸质档案同步保存，然后逐步改变存储介质。

（二）提高财务人员的综合素质

信息技术的飞速发展以及计算机技术的广泛应用，在一定程度上对会计理论和会计实务产生了很大的冲击，它们的内容发生了很大的改变。另外，现代会计处理模式和相关的财务管理模式逐渐向国际趋同、不断发展，这些工作都需要通过计算机和网络来实现。当前，企业的财务人员不仅要专业素质过硬，还要能熟练操作计算机，这样才能熟练操作财务软件，才能顺利地与国际接轨。近年来，我国在很多方面变化较大，税务管理内容变化也较大，但是很多办法、法规都是试点运行，这就要求财务人员不断学习，跟上时代的步伐。中小企业在条件允许的情况下，应该组织企业的财务人员定期学习相关理论知识，定期培训计算机方面的技能，提升他们的综合素质。未来在财务人员的招聘上，中小企业应当多选拔复合型人才，这是因为中小企业条件有限，一般不允许专门成立信息部对企业的会计信息系统进行定期维护。

（三）增强领导层应用财务软件的意识

很多中小企业的领导者并没有真正体会到企业投入财务软件项目给企业带来的好处，他们不能从思想上重视财务软件的应用。因此，企业领导者要增强电算化意识，加快会计电算化普及的步伐，从而使财务软件最大限度地发挥作用。企业在应用财务软件时，首先要从领导开始转变观念，领导首先要对其有正确、全面的认识，只有领导层重视起来了，员工才能从根本上加以重视，工作才能既快又好地开展下去。

（四）中小企业应根据自身情况选择财务软件

中小企业由于自身的规模较小，人员整体素质不高，一般不具备自主研发软件的实力。一般中小企业使用的财务软件是从市场上购入的，常用的软件有用友、金蝶、易飞、南北软件等，下面进行具体介绍：

1. 用友

用友比较适合经济实力比较雄厚、对于软件费用考虑不是太多的中小企业。另外，用友对财务人员的专业素质要求较高，由于其功能较为全面，因此需要财务人员能够灵活操作，熟悉各项功能。

2. 金蝶

金蝶由于其分析功能较为丰富，因此适用于没有自己的管理模式、对于财务软件的分析功能较为关注的中小企业。另外，由于用金蝶进行专业分析需要有很强的专业背景知识，因此对财务人员的专业素质要求很高。

3. 易飞

易飞由于其比较容易上手，因此对财务人员的专业素质要求不高。但是，由于其数据库不稳定，因此适合部门设置比较全面的中小企业，尤其是要有专门的信息部门支持，这样才能及时解决数据库服务端出现的问题。

4. 南北软件

综合以上三款财务软件，用友、金蝶和易飞分别适用于企业资金实力较为雄厚、财务人员专业素质较高和部门设置较为全面的中小企业。但是，很多中小企业经济实力并不雄厚，部门设置不全面，且财务人员专业素质不高，这些企业适合选用南北软件。南北软件在软件初始化、后续操作方面具有便利性，由于其量体裁衣，放弃了很多闲置功能，因而具有价格方面的优势。

第二节 财务管理信息化的深入发展
——ERP 财务管理

随着信息技术的发展和进步，以供应链管理为核心思想，集信息技术与系统化的管理思想为一体的先进的管理系统——ERP 系统应运而生，其为信息时代背景下的企业运营和管理带来了极大的便利与帮助。

一、ERP 系统的内涵

ERP 系统兴起于 20 世纪 90 年代，是集物资管理、人力资源管理、财务资源管理和信息资源管理于一体的企业管理系统。ERP 系统强调对企业整体资源进行合理利用和有效管理，为企业的信息化管理提供最佳的解决方案，是一种先进的企业管理模式。ERP 系统以其强大的信息处理功能为基础，通过协调企业各部门之间的关系，优化配置企业资源，实现信息资源与物资资源、人力资源及财务资源的有机集成化管理，为企业决策提供可靠的依据，从而实现企业利益最大化，进一步提升企业的核心竞争力。

概括来说，现代企业的所有资源包括三大流：物流、资金流和信息流。ERP 系统是对企业的物流、资金流和信息流这三种资源进行全面集成管理、完成管理资源整合的管理信息系统。概括地说，ERP 系统是建立在信息技术基础上，利用现代企业的先进管理思想，全面集成企业所有资源信息，为企业提供决策、计划、控制与经营业绩评估的全方位和系统化的管理平台。它在优化配置企业资源的前提下，整合企业内部主要或所有的经营活动，包括财务会计、管理会计、生产计划及管理、物料管理、销售与分销等主要功能模块，以达到效率化经营的目的。ERP 系统强调企业资源的完全整合性应用，即整体考虑企业的采购活动、生产活动、质量控制活动、营销活动、上下游企业的产品链活动、财务活动、融资与投资活动、人力资源活动、决策活动等，相互制约与相互配合，最终形成一个有机体。

二、ERP系统的特性

（一）集成度高

ERP系统是以供应链管理为核心的集成化管理系统，其不仅有现代信息技术做支撑，而且有先进管理思想的指引。ERP系统整合了供应商、制造商及分销商等资源，设计了多种系统模块，实现了跨部门运作，形成了一条完整的供应链，并通过工作流将企业的生产、销售、财务等集成起来，对供应链上的每一个环节进行有效的管理。

（二）信息整合

ERP系统借助信息技术和网络平台，能够获取企业中各部门所需的大量数据，并完成复杂的数据处理和整合工作。一方面，ERP系统严格的控制措施可以减少数据缺失或数据重复等现象，有效提高系统内数据的准确性；另一方面，ERP系统实现了信息共享，为各部门获取信息提供便利，并且大幅提高了数据信息在企业不同部门之间的传递效率，从而大幅提高了各部门的工作效率。

（三）环境安全

ERP系统体系庞大，信息复杂，而不同的模块及使用权限设置为信息的录入、查询、修改、保存、处理等操作提供了安全保障。另外，系统用户权限的严格控制不仅明确了各工作人员的职责，还保证了数据信息的安全，减少了舞弊现象的发生，增强了信息的可靠性。

三、ERP 系统的管理理念

（一）供应链管理的理念

供应链管理的出现，使生产企业与其上游的供应商和下游的客户之间的关系不再是以往的单一业务往来关系，供应链上各个环节的企业更加注重信息共享和利益共存。在 ERP 系统中，通过对生产经营的控制，打通了系统中各个子系统或模块之间的联系，从而实现了信息共享。同时，通过客户数据端接口有效地将企业的生产和销售环节与客户的需求紧密相连，通过供应商数据端接口将各个供应商的信息传递至企业，将企业的采购计划和供应商选择有效地整合起来，进而充分地体现供应链管理的管理理念。

（二）精益生产、敏捷制造的理念

对于同时具有连续生产和离散生产的混合型生产方式，ERP 系统也能为其提供有效的支持，其管理思想主要表现在精益生产和敏捷制造方面。精益生产以注重改进具有增值意义的流程为核心，通过消除企业所有生产环节中的不增值的活动来降低成本，缩短生产周期，进而提高生产质量。敏捷制造理念体现在企业对市场变化反应速度，旨在提高企业对产品市场发生变化时的快速反应能力，即当市场发生变化时，企业应当对变化做出迅速判断，并通过利用企业的内部和外部资源，满足顾客的需求。

（三）事先计划、事中控制和事后分析的理念

ERP 系统的应用能够实现对企业的一体化管理，通过对生产计划、采

购计划、销售计划等业务方面的计划的全面监督，在生产经营活动发生前做好充分的准备，既能够保障企业各项活动的顺利开展，又能够充分体现ERP系统的事先计划理念。事中控制理念主要表现在设置ERP系统功能时，定义了所录入的企业所有经济活动涉及的会计科目及其借贷关系，在输入信息的同时能够自动生成相关凭证，进而对经济活动进行记录和处理。事后分析理念则体现在ERP系统自身所具备的超强的数据处理能力，实现对业务的自动化分析，从而为企业后续生产经营的顺利进行提供参考意见。

四、ERP系统的主要功能

ERP系统是一个可以实现功能集合、灵活而又开放的系统，ERP系统中各个子模块是独立而又能够集合的。不同的企业在使用ERP系统时选择的模块也不尽相同。ERP系统的主要功能如下：

（一）财务管理功能

财务管理功能是ERP系统的核心功能，只有在实现了会计核算信息化的前提下，才能承担财务分析、预测等功能。ERP系统具有财务计划、财务分析和财务预测等功能。

（二）生产管理功能

生产管理功能是将企业的生产组合为生产链，从而达到降低库存、提高生产效率的目的。

（三）物流管理功能

物流管理功能是运用科学的方法将库存管理与运输进行有机整合，通过ERP物流管理子模块对物流支出进行有效控制，从而降低物流运输成本，提高企业的经济效益。

（四）采购管理功能

ERP 系统的采购管理功能是确定货量与产品的质量，以实现随时都可以进行采购、验收及委托外加工处理，以确保产品及时送达。

（五）分销管理功能

ERP 系统的分销管理模块的主要功能是对产品、地域和客户的信息进行统计，并分析产品销量、定价、毛利率、绩效评价、客户服务反馈等。

（六）库存管理功能

ERP 系统的库存管理模块的主要功能是管理商品库存，其本质是动态且真实的库存管理系统。库存管理模块能够结合部门需求随时调整库存状态，并准确地反映库存情况。

（七）人力资源管理功能

目前 ERP 系统的人力资源管理已经成为一个独立的模块，与财务及生产管理系统集合成为企业资源系统。ERP 系统人力资源管理模块包含人力资源规划的辅助决策体系、招聘管理、工资核算、工时管理等。

五、ERP 环境下的财务管理

（一）ERP 环境下财务管理的特点

企业在 ERP 大环境下的财务管理具有以下三个特点：

1. 财务管理高效性

在企业使用 EBP 系统的大环境下，企业各部门和各分子公司的所有经济活动产生的信息都会在 ERP 系统的财务模块中体现出来，标记管理层感兴趣的活动，并对财务数据进行计算，最终在财务报表中反映出来。这样一来，企业管理层可以整体掌握企业各部门、各分子公司的运营成本。企业管理层在掌握相关财务信息后，可以及时地对各个部门的财务数据进行分析并提出改进决策，这样做可以让部门和企业的财务周期大幅度缩短，所有系统内的连接点更加高效、实用，实现高效化。

2. 财务管理方便化

在传统的财务管理工作中，企业所有的财务工作都需要耗费大量的人力、物力，而且在强大的工作压力下极易出现错误。但在企业运用 ERP 系统之后，所有之前简单的人力操作工作都可以通过计算机完成，利用 ERP 系统强大的信息化处理功能对财务数据进行整合，减少了财务人员的工作量，从根源上避免了人员操作产生的错误。所以，ERP 系统可以让财务人员工作起来更加方便快捷。

3. 财务管理系统多元化

一方面，ERP 系统与传统的财务管理方法最大的差异是其可以通过整合数据从企业集团整体的角度统计数据，帮助企业管理层系统全面地掌握整个企业集团的财务信息。另一方面，通过新技术进行财务管理，能找出企业之前没有发现的问题。在企业运用 ERP 系统时，利用不同的计算方法对财务数据进行统计、核算，从不同的角度对财务数据进行分析，利用不同算法之间存在的差异对企业未来的经济决策进行系统讨论。

（二）ERP 环境下财务管理的优势

ERP 系统与传统的财务管理方式相比有以下三个优势：

1. 转变财务人员的工作职能

从企业财务管理方面来说，ERP系统的入驻可以完全避免传统财务管理所有可能产生的弊端，让企业发展更快、更强；转变企业财务部门的工作模式，从传统财务人员手工做账到全新的信息化系统的管理，极大程度地提高工作效率；能够帮助企业管理层根据最新的数据随时做出符合本时间段的相关经济决策，提高企业财务人员对信息化的掌握能力和对各部门数据的监控能力。

2. 体现财务信息的可控制性

使用ERP系统，企业产生的财务信息主要由系统进行分类和核算，具有极高的准确性和信息高速传递性。企业在使用ERP系统后，系统能够在第一时间将相关信息传递给需要者，企业管理层能够在最短的时间内根据信息做出决策，最大限度地体现系统的高效性；如果不使用ERP系统，相关重要的信息有可能因为层层审批或者各种拖拉之后变成失效信息。

3. 可以提高企业内部控制水平

传统的财务管理由于需要大量的人力、物力，有些细节没有达到企业管理层的要求。由于一些特殊情况或财务人员的疏忽，以及每个企业的要求不一样，会计信息可能存在一定的偏差，这些可能出现的错误导致企业管理层不能全面掌握企业的业务。通过使用ERP系统，企业的很多工作从微观角度提升到整体宏观角度，而且会计信息在ERP系统上变得公开，所有有权限的管理者都能对信息一目了然，大幅度提高了企业内部控制水平。

第六章　财务管理信息化

本章主要从账务处理信息化、往来业务管理信息化、固定资产管理信息化、资金管理信息化和出纳管理信息化五个方面入手，对财务管理信息化的具体内容进行介绍。

第一节　账务处理信息化

一、账务处理概述

（一）账务处理的内容

会计的任务是对经济活动进行连续、系统、全面和综合的核算和监督，并在此基础上对经济活动进行分析、预测、决策、控制，以提高企业的经济效益。会计的任务是通过一系列专门的会计方法来实现的，这些方法包括会计核算方法、会计控制方法和会计分析方法等，其中会计核算是最基本的会计方法。会计核算的主要内容包括设置账户、复式记账、填制和审核凭证、登记账簿、成本计算、财产清查、编制会计报表等，这些方法相互配合、密切联系，构成一套完整的会计核算方法体系。其中前四个方法是整个会计核算工作的基础，因为每一项经济业务，都是根据原始凭证填制记账凭证，经过审核后，将其分别登记到不同的账簿中，为成本核算、财产清查、编制会计报表以及财务分析等提供依据，所以我们把设置账户、复式记账、填制和审核凭证、登记账簿统称为账务处理。

（二）财务处理系统的功能

1. 账表输出与子系统服务

（1）账表输出

账表输出的功能是根据企业管理及会计制度的要求对账务数据库中的文件进行排序、检索和汇总处理，最后输出所需的账表。账表输出的方式主要有屏幕显示输出、打印输出和磁盘输出。输出的账表主要有日记账、明细账、总账、综合查询结果以及对外报表。

日记账、明细账、总账输出是根据财务人员输入的会计科目和日期自动从汇总文件、历史凭证文件中提取数据，经过加工后输出相应的账表。

输出账表数据的另一种形式是综合查询。综合查询就是根据财务人员输入的指定条件从相关数据库文件，如汇总文件或临时凭证文件中筛选出符合条件的数据。所谓指定条件，可以是单项条件，如日期范围、金额大小、支票号、经手人或审核人姓名等，也可以是组合条件，即各单项条件的组合。

（2）子系统服务

子系统服务的主要功能是修改口令、会计数据备份与恢复、系统维护等。修改口令的功能是允许系统的授权使用者更新自己的口令，即将系统刚开始运行时由会计主管设置的口令改为只有自己知道的口令，并定期更改，以防泄密。会计数据备份与恢复的功能是将存储在计算机硬盘上的数据复制到软盘上，以备硬盘发生故障造成数据损失时，能及时恢复原有数据。

在数据备份时系统会给出提示，如提示插入软盘、备份数据总字节数、备份所需时间以及备份进程指示等。由于数据恢复将对现有账务环境进行覆盖，因此在恢复数据时要谨慎操作，必要时要设置恢复密码、恢复日期的核对功能。系统维护的功能是对磁盘空间进行管理，对数据库文件重建索引以及核对恢复日期等。

2. 辅助管理

账务处理子系统除提供会计核算所需的基本功能模块外，还应不断完善和发展，应能提供以下辅助管理功能。

（1）银行对账

银行对账通常具有以下功能：初始化余额调节表、获取银行对账单、自动对账、手工对账、输出对账结果、删除已达账。

（2）往来核算与管理

往来核算与管理的主要功能是：建立往来单位通讯录、设置期初未达往来账、往来查询、往来核销、账龄分析、打印催款单等。

（3）项目核算与管理

项目核算与管理的主要功能是通过项目定义、项目账表输出等，实现按项目对成本费用和收入进行核算与管理。

（4）部门核算与管理

部门核算与管理就是把部门作为一级财务核算与管理的单位，以便评估各个部门的经营和管理绩效，促使各个部门更加关注本部门产品的成本和利润。

（5）自动转账

自动转账的主要功能是：定义自动转账分录、生成转账凭证（机制凭证）、获取外部数据等。

3. 初始化

（1）设置科目

设置科目的功能是将企业会计核算中使用的科目，逐一按照要求描述给系统，并将科目设计结果保存在科目文件中。这是实现财务管理的一项基础工作。该模块提供的相应功能是，使财务人员可以根据需要设置适合自身业务特点的会计科目体系，并可以随时增加、插入、修改、删除、查询、打印会计科目。

（2）设置凭证类型

设置凭证类型的功能是实现对凭证类型的管理，并将结果保存在凭证类型文件中。该模块提供的相应功能是，财务人员可以根据需要设置适合自身业务特点的凭证类型。例如，可以设置一种通用的凭证类型，也可以设置收款、付款、转账三类凭证，或设置现收、现付、银收、银付、转账五类凭证。

（3）录入初始余额

录入初始余额的功能是将手工账簿各科目的余额录入计算机，以保证手工账簿和计算机账簿内容的连续性与继承性，并将初始余额保存在汇总文件中。有两种录入初始余额的方法：第一种是直接录入电算化系统启用月份的月初余额；第二种是录入年初余额和电算化系统启用当年各月的发生额。该模块提供的相应功能是，在录入所有余额后，按照平衡公式"资产＝负债＋所有者权益"和"总账及其下属明细科目"自动进行试算平衡。通过试算平衡，检验所录入余额是否正确无误。

（4）设置人员权限

设置人员权限的功能是对财务人员的分工进行设置和管理，并将人员权限设置结果保存在人员权限文件中。在会计信息系统中，只有财务主管具有最高权限，有权使用设置人员权限模块，对系统内每个财务人员进行授权或撤销授权。例如，对会计 A 授权凭证录入权、记账权、账簿查询权；对会计 B 授权凭证录入权、凭证修改权。

（三）账务处理子系统的特点

一是规范性强，一致性好，易于通用化。账务处理子系统的记账方法是复式记账法，这是世界通用的会计记账方法，包括："有借必有贷，借贷必相等"、资产＝负债＋所有者权益、总账余额和发生额必须等于下属明细账余额发生额之和等一系列基本记账方法。尽管不同的企事业单位由于业务量不同而选择不同的登记总账的方法，但最终的账簿格式和内容都基本相同。正因如此，无论在国内还是国外，市场上都可以见到大量的账务处理系统软件包，各企事业单位在开展会计电算化工作时，可以考虑利用这种软件包，经济迅速地建立自己的会计信息系统。

二是综合性强，在整个会计信息系统中起核心作用。其他会计信息子系统都是局部反映"产、供、销"过程中某个经营环节或某类经济业务的，如材料核算子系统主要反映供应过程这一经营环节，成本核算子系统主要反映生产活动环节，固定资产子系统主要反映固定资产的使用状况，等等。这些子系统不仅用货币作为计量单位，还广泛使用实物数量指标。而账务处理子系统是以货币作为主要计量单位，综合、全面、系统地反映企业供产销的所有方面，因此，所产生的信息具有很强的综合性和概括性，所编制的会计报表能准确地反映企业全部的财务状况和经营成果。除此之外，账务处理子系统还要接收其他子系统产生的记账凭证，要把某些账表的数据传递给其他子系统供其使用。也就是说，账务处理子系统是整个会计信息系统数据交换的桥梁，它把其他子系统有机地结合在一起，形成完整的会计信息系统。账务处理子系统是整个会计信息系统的核心，可以说账务处理子系统是"纲"，其他会计信息子系统是"目"。

三是控制要求严格，正确性要求高。由账务处理子系统所产生的报表要提供给政府部门（财政、税收、银行、审计）、投资者和债权人，错误的报表数据会使国家无法统计国民经济指标，银行无法监督企业的货币资金使用情况，财政、税收部门无法保证财政收支的正确性，投资者和债权人无法掌握企业的经营状况，无法做出投资决策。因此，必须保证账务处理子系统的正确性，保证结果的真实性。正确的报表数据来自正确的账簿，正确的账簿来自正确的凭证。因此，系统必须从记账凭证开始，对各个账务处理环节加以控制，防止差错发生。

二、账务处理子系统的设计

（一）账务处理子系统的设计原则

在账务处理子系统设计中，一方面要保证其基本功能，满足核算的各种需求；另一方面要考虑系统的适用性、易用性以及可维护性等其他性能指标。为此，系统设计中应遵循以下原则：

1. 符合国家有关法律法规和统一会计制度的规定

为规范和加强会计工作，保障会计人员依法行使职权，发挥会计在加强经济管理、提高经济效益中的作用，国家、财政部先后制定了一系列有关会计的法律法规。会计软件的功能、术语以及界面设计等必须满足这些法律法规的要求。

《中华人民共和国会计法》对会计工作中的会计核算、会计监督、会计机构和会计人员以及法律责任等方面做出了规定，是调整会计关系和规范会计活动的基本法，也是其他一切会计法规、制度的"母法"。

会计准则是会计核算的行为规范，是会计活动总的原则、标准，是对具体会计制度的概括。行业会计制度是以会计准则为依据制定的，是行业会计核算的标准和依据。会计软件中的核算方法等必须满足会计准则和行业会计制度的规定。

《会计电算化管理办法》中包括会计电算化管理、评审以及替代手工记账等方面的规定，与其同时发布的还有《商品化会计核算软件评审规则》《会计核算软件基本功能规范》等文件。其中《会计核算软件基本功能规范》中对会计软件的数据输入、处理、输出和安全性等方面做出了详细的规定，会计软件设计必须参考有关规定执行。

其他法规、制度，包括《会计基础工作规范》《会计电算化工作规范》《会计档案管理办法》等。其中《会计基础工作规范》对会计工作的各个方面进行了详细的规定，对会计软件的输入、输出以及处理等设计有很好的指导作用。

2. 满足各种核算和管理的要求

目前，企事业单位的会计业务中，由于规模、管理模式等的差异，会计核算的形式、管理要求也有所区别。专用会计核算软件可以只考虑具体单位的实际情况，但如果是通用会计软件，则系统设计中必须考虑满足不同核算和管理的要求。实际上，随着经济的发展，企事业单位的管理要求不断提高，即使是专用的会计核算软件，也应适应核算形式的变化。

（二）账务处理子系统的数据流程设计

按照账务处理的任务来分析，可以得到账务处理子系统的数据处理流程，具体包括以下步骤：

在系统上从事日常账务处理之前先要进行建账工作。建账工作的主要任务是建立初始账户，输入各账户对应的科目编码、科目名称、账户余额等内容。

记账凭证录入后，存放在记账凭证库中，经复核后，有记账凭证才允许记账。记账时，明细账、日记账和各专项账根据记账凭证直接录入，总账经科目汇总后记账。在一个会计月份中，可多次记账，下次记账在上次记账结果的基础上进行。记账后，便可立即进行账簿查询、报表打印等工作。原则上，一经记账，凭证便不得修改。但在账簿正式输出（结账）前，为增加系统的灵活性，仍然可以撤销记账，恢复到记账前的状态；在对有关凭证进行修改后，重新记账。只有在月末结账后输出的账簿才是完整有效的。

凭证分录中的现金科目（101）应记入现金日记账；存款科目（102）应录入银行往来日记账，以便与银行送来的单据对账，并输出银行存款余额调节表。

记账后，可以由计算机直接到有关账户中提取数据编制转账凭证进行自动转账。

最后一次记账后要进行结账。结账时首先应将记账凭证库做后备处理；其次将该数据库清空，以便输入下个会计月份的记账凭证。同时，要对科目数据库、银行对账库、账簿数据库等做相应处理。由于此时上个月的记账凭证已经从记账凭证数据库中清除，因此以后不能再对上个月的记账凭证进行修改；一旦发现上月凭证有错误，只能在当前月中以红字凭证冲销上月的错误凭证。

账务处理子系统可以从其他子系统中读取有关数据进行账务处理，其他子系统也可以从账务处理子系统的各账户数据库中读取数据，进行成本核算、报表编制等处理。

三、凭证填制与信息速查

（一）会计核算参数设置

1. 工作任务

进行总账操作环境配置，以便进行账务处理的日常工作。

2. 信息化流程

展开导航区"业务工作/财务会计/总账/设置"菜单树，双击"选项"进入"选项"界面，单击下部的"编辑"按钮后进行修改。

在"凭证"切换卡中设置：制单序时控制、进行赤字控制、不可以使用应收应付受控科目、可以使用存货受控科目、现金流量科目必录现金流量项目、现金流量参照现金流量科目、自动填补凭证断号、凭证采用系统编号方式。

在"权限"卡设置：出纳凭证必须经出纳签字、可查询他人凭证、不允许修改作废他人填制的凭证。

在"其他"卡设置：按浮动汇率核算外币，部门、个人和项目均按编码排序。

（二）填制凭证与余额流量

1. 案例情况

2024年1月，某实业有限公司收到其他公司普通支票4061号，支付上年股利×××元，附件2张。

借：银行存款/工行人民币存款×××元

贷：应收股利/××公司股利×××元

注：总账（一级）科目、明细（二、三级）科目之间用"/"分隔。

2. 信息化流程

第一，设置凭证选项。展开导航区"业务工作/财务会计/总账凭证"菜单树，双击"填制凭证"进入"填制凭证"界面。该界面显示五条分录"附单据数"上部的两条虚线是自定义项，可录入自定义信息。

选择该界面"工具"菜单的"选项"命令进入"凭证选项设置"界面，进行以下设置：自动携带上条分录的摘要、不进行实时核销（往来业务）、凭证显示辅助项的名称及编码、凭证打印辅助项的分隔符为"/"、新增凭证日期为最后一张的日期。

第二，编辑记账凭证表头与摘要。单击"填制凭证"界面上部的"增加"按钮，直接录入记账凭证的附件张数、摘要。

在基础档设置中，凭证类别选择为通用记账凭证，所以左上角自动显示"记"字、标题是"记账凭证"。核算选项设置为"凭证采用系统编号"，所以凭证编号显示为"0001"（自动编号），不能修改。

按凭证选项的设置，制单日期将显示为该类凭证最后一张的日期，由于这是第一张凭证，因此显示登录日期（可以修改）；若弹出提示"日期不能滞后系统日期",则应通过"控制面板"或计算机的右下角修改计算机的系统时间。

第三,参照选择第一条分录的明细科目。选定第一行的科目名称栏,单击"参照"按钮进入"科目参照"界面,双击列表中的"资产"并展开"银行存款"科目,选定"工行人民币存款"明细科目;由于该科目经常使用,因此单击"参照"界面右部的"常用"按钮,则在列表中显示该科目;选定该明细科目后再单击"参照"界面的"确定"按钮(也可双击该明细科目),即可将该科目选择到记账凭证中。

第四,参照选择辅助项。由于基础档案中银行存款指定为银行类科目,因此选择银行存款的明细科目后,将自动弹出结算方式"辅助项"界面,可以取消(不录入),但若在凭证选项设置时选择了"凭证录入时结算方式及票号必录",则此处的辅助项就必须录入。在此应参照选择结算方式、录入票据号,单击"确定"按钮后这些信息将在凭证左下角显示。

第五,查看最新余额。第一条分录的辅助项参照选择完毕后,单击上部的"余额"按钮(或"查看"菜单的"最新余额"命令),可查看该科目的最新余额;录入第一条分录的金额后,再单击"余额"按钮,其发生额及余额将自动更新。

第六,自动携带摘要。按下键盘上的回车键,摘要将自动携带到第二行;若凭证选项中没有勾选携带摘要,则需手工录入第二条分录的摘要。

第七,录入第二条分录。在科目名称中参照选择相应的明细科目;按下键盘上的回车键使光标移动到第二条分录的贷方,单击,系统将自动按"借贷必相等"的规则计算并填入其金额。

第八,录入现金流量。单击记账凭证上部的"流量"按钮(或"制单"

菜单上的"现金流量"命令)进入"现金流量录入修改"界面,在"项目编码"中参照选择"取得投资收益所收到的现金"项目,再单击"确定"按钮。

在记账凭证中,当选定"银行存款"科目所在行时,单击记账凭证右下角的"展开"按钮,记账凭证下部将显示该流量项目。

第九,录入完毕后保存凭证。由于基础档案设置时,将银行存款科目指定为"现金流量科目",而凭证选项设置为"现金流量科目必录现金流量项目",因此,没有录入现金流量信息而直接单击"保存"按钮时,照样会弹出"现金流量录入修改"界面。

(三)填制凭证时增加科目与项目

1. 案例情况

某实业有限公司用普通支票2056号归还5月前工行借款×××元,附件2张。

借:短期借款/工行借款本金×××元

贷:银行存款/工行人民币存款×××元

2. 信息化流程

第一,填制并保存记账凭证。现金流量选择为"偿还债务所支付的现金"。

在参照选择短期借款科目时可见,该科目已经使用但没有明细科目;如果按上述方法增加明细科目,将会提示站点互斥而无法增加。所以,先选择"短期借款"总账科目填制,保存该记账凭证。

第二,清除互斥任务。由系统管理员登录"系统管理"界面,选定中部的"总账"子系统,选择"视图"菜单上的"清除选定任务"命令。

第三,增加已使用科目的下级明细科目(其下没有任何明细科目)。

退出填制凭证界面，展开导航区"基础设置/基础档案/财务"菜单树，双击"会计科目"进入"会计科目"界面；单击"增加"按钮，在"新增会计科目"界面中加入"2001001工行借款本金"明细科目，单击"确定"按钮，弹出警示，选择"是"；然后单击"下一步"按钮将再次警示，选择"是"后，系统将更新相关数据，并提示科目增加成功。

第四，查看增加后效果。再次进入"填制凭证"界面，单击"上张"按钮可见，第一条分录的短期借款已自动增加"工行借款本金"的明细科目。

（四）填制凭证与辅助核算

1. 案例情况

某实业有限公司开出普通支票2052号，支付上月欠工行借款利息×××元，附件2张。

借：应付利息/工行借款利息×××元

贷：银行存款/工行人民币存款×××元

2. 信息化流程

第一，录入并保存记账凭证。参照选择时，可输入代码快速实现参照选择，如在科目名称栏输入"1002001"，按回车键后将自动显示"银行存款/工行人民币存款"。

若只输入部分科目代码（如输入"22"）再单击参照按钮，参照界面将只显示符合该条件的科目，以提高工作效率。所以，若要修改已选择的科目，则应先删除后再参照选择，否则参照界面将只显示该科目而无法修改。

第二，现金流量参照选择为"分配股利、利润或偿还利息所支付的现金"。

（五）外币凭证与穿透查询

1. 案例情况

2024年1月，某实业有限公司收到工行普通支票0021号，本公司售出中行的×××美元存款，收到人民币×××元已存入工行，当日记账汇率6.35，附件2张。

借：银行存款/工行人民币存款

贷：银行存款/中行美元存款；财务费用/汇兑损益

2. 信息化流程

第一，录入记账汇率。展开导航区"基础设置/基础档案/财务"菜单树，双击"外币"并在"外币设置"中选择美元的浮动汇率后，录入本日的记账汇率。

第二，填制记账凭证。参照选择"中行美元存款"明细科目后，记账凭证将自动变换为外币格式；因总账参数设置为外币采用浮动汇率核算，所以自动带入汇率；录入外币金额后将自动按"外币×汇率"计算本位币金额显示于借方，再选定借方，按下键盘上的空格键，将金额调整到贷方。第三条分录的金额可单击贷方，按下键盘上的"="键，由系统自动按"借贷必相等"的规则计算填入。

第三，现金流量参照选择为"汇率变动对现金流量的影响"，后修改金额。

四、凭证签审与错账更正

（一）凭证签审与通知处理

1. 工作任务

将已填制的记账凭证进行出纳签字、主管签字、凭证审核。

2. 信息化流程

（1）出纳签字

出纳可登录（可单击客户端的"重注册"按钮）进入客户端，展开导航区"业务工作/财务会计/总账/凭证"菜单树，双击"出纳签字"进入记账凭证列表界面，单击"确定"按钮后进入"出纳签字"的记账凭证界面；单击上部的"签字"按钮，记账凭证下部的出纳处将自动签名；单击"下张"按钮后再签字。也可选择"出纳"菜单的"成批签字"命令进行签字。

若要取消出纳签字，可单击上述记账凭证界面上部的"取消"按钮，也可选择"出纳"菜单的"成批取消签字"命令。

（2）主管签字

主管可登录客户端，展开导航区"业务工作/财务会计/总账/凭证"菜单树，双击"主管签字"进入凭证列表界面，单击"确定"按钮后进入"主管签字"的记账凭证界面。

单击该界面上部的"签字"按钮，记账凭证右上角将显示主管的红色印章，单击"下张"按钮后再签字；也可选择"主管"菜单的"成批签字"命令，对所有符合条件的记账凭证进行主管签字。

若要取消主管签字，可单击该记账凭证界面上部的"取消"按钮，也可选择"主管"菜单中的"成批取消签字"命令。

(3) 凭证审核

由主管双击"凭证"菜单树中的"凭证审核"进入凭证列表界面，单击"确定"按钮进入"审核凭证"的记账凭证界面；单击上部的"审核"按钮后将在记账凭证下部的审核处签名；切换到下一张待审核的记账凭证界面，再进行该凭证的审核。也可选择"审核"菜单的"成批审核凭证"命令。

若要取消凭证审核，则可单击该记账凭证界面上部的"取消"按钮，也可选择"审核"菜单的"成批取消审核"命令。

(二) 凭证查询与更错

1. 案例情况

某实业有限公司发现之前用工行普通支票2053号支付行政部的业务招待费实际数额应为×××元，进行错账更正，无附件。

借：管理费用/业务招待费

贷：银行存款/工行人民币存款

2. 信息化流程

第一，查询凭证。双击"凭证"菜单树中的"凭证查询"命令进入凭证列表界面，单击"确定"按钮进入"查询凭证"界面；单击该界面的上张、下张、首张、尾张等按钮，即可找到已过账的记账凭证（不含未过账凭证）。

第二，若凭证还没有过账，则可直接在"填制凭证"界面进行查询，也可在凭证查询时，勾选"包括未过账凭证"选项，同时进行已过账凭证、未过账凭证的查询。

第三，凭证冲销。在凭证查询中找到有错误的已过账的记账凭证，选择记账凭证界面"制单"菜单的"冲销凭证"命令，即可自动生成与原分录相同的红字记账凭证；然后通过上部的"删分"按钮删除不需要冲销的分录，再修改金额并保存。

第四，现金流量参照选择为"支付的其他与经营活动有关的现金"（实为冲减）。

五、个人往来信息化

（一）往来财务管理

设为"个人往来"辅助核算的科目，主要目的是进行账龄分析以了解债权债务的质量，形成催款单或对账单以便通知相关单位或个人。其管理手段是在填制凭证时，录入业务发生日期（它直接影响账龄分析）、业务号（票号）与业务员等。

为及时了解个人借款、还款情况，需进行个人往来两清处理。往来两清应在凭证审核并记账，且在借款已经结算后进行（借、贷双方均有记录）；只有借款没有还款时不进行两清处理。往来两清可进行自动勾对或手工勾对，自动勾对是按"专认＋逐笔＋总额"的方式进行勾对的。

（二）个人往来两清及查询

1. 工作任务

进行个人往来两清处理，查询个人往来明细信息。

2. 信息化流程

第一，凭证审签过账。由出纳登录客户端进行"出纳签字"；由主管登录客户端进行"主管签字"和"凭证审核"，再由账套主管登录客户端进行"凭证过账"。

第二，查看个人往来情况。展开导航区"业务工作/财务会计/总账/账表/个人往来"菜单树，双击进入"个人往来清理"界面；通过该界面上部的"个人"下拉框列表，进行不同职工用户名切换，查看各自的往来信息。

第三，往来两清。单击上部的"勾对"按钮，系统将自动进行往来两清处理。两清后的记录，其后部将显示；两清的前提是有借方、贷方记录，且借贷金额相等。也可双击"两清"栏进行手动两清，手动两清的标记将显示为"Y"。

第四，若取消两清，则在进入往来两清界面前的查询条件界面勾选"显示全部"选项，然后在上述"个人往来两清"界面单击"取消"按钮。

第五，查询个人往来账龄分析。双击"个人往来账龄分析"，可查询选定科目的账龄分析表，还可修改账龄分析的天数进行查询。

第二节 往来业务管理信息化

一、往来业务管理信息化工作任务及信息化流程

在财务管理系统中，若要启动应收应付款管理系统，则必须同时进行往来财务管理。

进行往来业务管理信息化处理，即对生成的记账凭证进行审签、记账、往来两清。需要说明的是，往来两清是为了财务管理的需要，进行往来账务的借方、贷方的勾销，以便及时了解往来款的结算情况、未到账情况，进行账龄分析和输出对账（催款）单等；往来两清必须借贷方向相反、金

额相等。单据核销是为了业务管理的需要，进行应收单与收款单、应付单与付款单的核销；单据核销需要方向相反的原始单据，金额可以不相等。

（一）工作任务

进行往来业务管理信息化，即凭证审签、过账、往来两清。

（二）信息化流程

第一，修改凭证。双击应收款管理"单据查询"中的"凭证查询"，进入"记账凭证"界面；选定应收账款等科目所在行，双击下部辅助核算区进入"辅助项"界面，这些科目已进行客户往来辅助核算，可修改票号、日期等，以便进行客户往来的财务管理。如果不修改，则以记账凭证的日期为准计算账龄。类似地，在应付款管理的"凭证查询"中，可修改供应商往来的辅助核算信息。

第二，凭证的出纳签字与主管签字，凭证审核与凭证过账。

第三，往来两清。与个人往来核算一样，设为客户往来、供应商往来的科目，在凭证过账后，也需要做往来两清处理。在总账系统的"客户往来辅助账"和"供应商往来辅助账"中进行往来两清处理。

第四，往来查询。在总账系统的"客户往来辅助账"和"供应商往来辅助账"中，可进行客户（供应商）与部门、业务员、地区等组合条件的信息查询，可进行各种明细账的查询，可进行账龄分析、打印催款单（对账单）等。

二、销售与应收账款子系统

（一）销售与应收账款子系统的内容

企业要持续发展就必须获取利润，而获取利润必须通过销售过程来完成。销售过程就是通过提供商品或劳务来取得货币或取得在未来某个特定时间得到货币权利的过程。由于时间上的差异，销售过程通常可划分为两个部分：一个是商品或服务的转移过程，另一个是货款的回收过程。与此相对应，销售与应收账款子系统一般也可细分为两个子系统：一个是销售订单处理子系统，另一个是应收账款处理子系统。前者主要涉及订单的接收、货物的组织与发运以及开票等过程，而后者主要涉及货款的计算、货款的催收、回款、应收账款分析和客户信息等级评定等过程。不管怎样划分，其目的都是对销售过程进行实时管理与控制。

（二）销售与应收账款核算子系统的功能

进、销、存核算是企业经营管理的主要环节。根据企业业务经营与财务管理方面的要求，设置商品采购、（进货）核算账簿。按照国家有关规定，对企业商品的销售业务进行核算统计，计算经营业绩，同时，计算增值税。

（三）销售与应收账款核算子系统的特点

根据企业对商品进、销、存核算与管理的要求，进、销、存核算软件具备以下特点：一是核算数据量大；二是税金计算政策性强；三是数据间的计算关系复杂；四是成本计算方法多；五是数据传递关系多；等等。

（四）进、销、存核算电算化的意义

进、销、存核算是企业财务管理中非常重要的部分，业务量繁多，且手工处理易出现差错。因此，实现进、销、存核算电算化，使广大财务人员从繁杂的手工处理中解脱出来，对准确、高效地进行企业财务管理具有十分重要的意义。

三、销售与应收账款子系统的功能模块设计

在确定了系统的功能和数据处理流程后，就可以确定系统的功能模块。下面对几个主要模块进行介绍：

（一）更新处理模块

本模块主要用于产品结存文件的更新。根据产品入库单和出库单对产品结存文件进行更新。更新时以产品代码为关键字在产品结存文件中找到相应记录，用入库单上的实收数和出库单上的发出数累加到产品结存文件中的收入数与发出数上，并将入库单和出库单中"更新标志"设置为"Y"，对入库文件和出库文件重复上述处理，一直将文件中记录处理完为止，即完成了对产品结存文件的更新。

（二）计算、结转与分配模块

本模块用于产品销售利润、产品销售税金及附加的计算，以及产品销售费用的分配和销售成本等的结转。本模块结转的转账凭证主要有以下几种方式：

第一，根据销售发票文件编制的转账凭证。

借：应收账款

贷：产品销售收入

第二，根据销售利润文件中的销售成本编制的转账凭证。

借：产品销售成本

贷：产成品

第三，根据销售利润文件计算的销售税金及附加编制的转账凭证。

借：产品销售税金

贷：应交税金

第四，结转利润的转账凭证有以下几个：

借：产品销售收入

贷：本年利润

借：本年利润

贷：产品销售成本

借：本年利润

贷：产品销售费用

借：本年利润

贷：产品销售税金及附加

上述转账凭证文件的结构与账务处理子系统相同。本系统产生的转账凭证转送账务处理子系统和报表子系统，供登记账及编表。

四、应收应付初设信息化

（一）往来业务管理

1. 单据流管理

往来业务管理模式的核心是原始单据，即在业务活动中，债权债务的形成应有购销发票或应收单、应付单，款项的结算需要录入收款单、付款单，即通过"单据流"（原始单据的填制或生成、审核等）来规范业务活动。

2. 往来核销

为了在业务系统中加强往来资金管理，建立应收应付与已收已付之间的联系，企业财务部门还应对这些原始单据进行核销处理。单据核销是将应收单与收款单、应付单与付款单进行配比处理，以在往来业务管理系统中生成详细的债权债务信息。

3. 原始单据需要生成凭证

为了消除信息孤岛，应将这些审核无误的原始凭证生成记账凭证传递到总账系统（总账系统再进行凭证审签、记账、往来两清等）。

（二）往来业务管理参数设置

1. 工作任务

设置往来业务管理的原始单据的生成机制、审核"凭证设置""权限与预警"等业务规则。设置原始单据生成记账凭证的机制、程序与范围等。

2. 信息化流程

（1）应收款管理参数设置

展开导航区"业务工作/财务会计/应收款管理/设置"菜单树，双击"选项"进入"账套参数设置"界面，单击下部的"编辑"按钮，在"常规""凭证设置""权限与预警""核销设置"四个选项中进行以下设置：

常规设置：单据以业务日期作为审核依据、汇兑损益月末处理、代垫费用使用其他应收单、应收账款采用详细核算类型、自动计算现金折扣、发货单需要出库确认、应收票据不直接生成收款单。

凭证设置：制单时回写摘要、应收单表体科目不合并、收付款单表体科目不合并、月结前全部生成凭证、核销不生成凭证、预收冲应收生成凭证、红票对冲不生成凭证、凭证可编辑、单据审核后不立即制单。

权限与预警：录入发票时显示提示信息。

核销设置：应收款按单据核销、以客户为规则核销、收付款单审后核销且手工核销。

（2）应付款管理参数设置

展开导航区"业务工作/财务会计/应付款管理/设置"菜单树，双击"选项"进入"账套参数设置"界面，单击"编辑"按钮后进行以下设置：

常规设置：单据以单据日期作为审核依据、汇兑损益月末处理、费用支出使用其他应付单、应付账款采用详细核算类型、自动计算现金折扣、应付票据直接生成付款单。

凭证设置：制单时回写摘要、应付单表体科目不合并、收付款单表体科目不合并、月结前全部生成凭证、核销不生成凭证、预收冲应收生成凭证、红票对冲不生成凭证、凭证可编辑、单据审核后立即制单。

核销设置：应付款按单据方式核销、以供应商为规则核销、收付款单审核后核销且自动核销。

（三）设计往来原始单据

1. 工作任务

根据企业实际需要，进行往来业务管理的原始单据的编号、格式的设计。

2. 信息化流程

（1）设计收款单格式

展开导航区"基础设置/基础档案/单据设置"菜单树，双击"单据格式设置"进入"单据格式设置"界面,再展开"应收款管理/应收收款单/显示"菜单树,单击"应收收款单显示模板",进行如下修改并保存:

右击表头的"收款单"并选择"属性"命令,将字号修改为16号。

右击收款单表头中的"项目"选择"删除"命令(也可单击该界面上部的"表头项目"按钮,然后取消其显示),再用鼠标拖动"摘要"项目到该位置。

右击表体选择"表体项目"命令(或单击该界面上部"表体项目"按钮)进入"表体"界面,取消表体的"项目"和"余额"选项,再将表体需要显示的栏目的列宽全部修改为1005。

单击上部的"自动布局"按钮进入"自动布局"界面,修改画布宽度、画布高度、表头项宽度、表头项高度,并勾选"根据参数自动计算表格高度"选项。

(2)单据编号设置

展开导航区"基础设置/基础档案/单据设置"菜单树,双击"单据编号设置",进行以下编号修改:

展开"应收款管理"选择"收款单",修改其编号并保存为:手工改动重号时自动重取;前缀为客户,长度为"4";流水号长度为"3",起始值为"1"。

单击该界面的"对照表"按钮,选择列表中的"客户"查看效果。

展开"应付款管理"选择"付款单",修改其编号并保存为:手工改动重号时自动重取;前缀为供应商,长度为"4";流水号长度为"4",起始值为"1"。

单击该界面的"对照表"按钮,选择列表中的"供应商"查看效果。

（四）科目与账龄区间设置

1. 工作任务

设置往来业务管理科目，以便自动生成分录，提高工作效率。设置账龄区间，以便进行往来款项质量分析，进行债权债务的业务管理。

2. 信息化流程

（1）应收款初始设置

展开导航区"业务工作/财务会计/应收款管理/设置"菜单树，双击"初始设置"进入"初始设置"界面，进行以下设置：

选定"基本科目设置"列表，单击上部的"增加"按钮，双击"基础科目种类"后从下拉框中选择种类，再参照选择这些种类对应的入账科目、币种。若不进行这些科目设置，则根据原始凭证生成记账凭证时，每次都必须逐一地参照选择会计科目。

账龄区间设置：30天、90天、180天、360天。

控制科目设置：如果企业的应收、预收科目根据客户的分类或地区分类不同，分别设置了不同的明细科目，则可先在选项中选择设置的依据，并且在此处进行具体的设置。在初始设置界面左边的树形结构列表中单击"设置科目"中的"控制科目设置"，即可进行相应的控制科目设置，设置的科目必须是末级应收系统受控科目。

产品科目设置：如果不同的存货（存货分类）分别对应不同的销售收入科目、应交销项税科目和销售退回科目，则先在选项中选择设置的依据，再在此处设置具体科目（销售收入科目和销售退回科目可以相同）。操作与控制科目设置类似。

结算方式科目设置：单击"增加"按钮并参照选择现金结算的入账科目为"库存现金"普通支票、委托收款的入账科目为"银行存款/×行人民币存款"，参照选择账号。

（2）应付款初始设置

展开导航区"业务工作/财务会计/应付款管理/设置"菜单树，双击"初始设置"进入"初始设置"界面。应付款管理与应收款管理的初始设置方法类似，即设置控制科目、缺省科目、账龄区间等。

不同的是，应将应收预收改为应付预付科目，将收入改为采购科目，将销项税额改为进项税额科目等；产品科目可只设置原材料的相关存货项目，因为成品类的存货项目不需要采购（由企业生产）。

五、期末处理

如果当月业务已全部处理完毕，则需要执行"月末结账"功能。只有当月结账后才可以开始下月工作。进行月末处理时，一次只能选择一个月进行结账；前一个月没有结账，则本月不能结账；结算单还有未审核的，不能结账；如果选项中选择单据日期为审核日期，则应收单据在结账前应该全部审核；如果选项中选择"月末全部制单"，则月末处理前应该把所有业务生成凭证；年度末结账，应对所有核销、坏账、转账等处理全部制单。在执行月末结账功能后，该月将不能再进行任何处理。

第三节　固定资产管理信息化

一、固定资产核算子系统概述

固定资产是指使用期限超过一年、单位价值在规定标准以上，并且在使用过程中不改变其原有实物形态的资产，主要包括房屋、建筑物、机器设备、运输设备等劳动资料。

一般企业可以将固定资产按使用情况分为几大类，并设置相应的明细科目，如生产经营用固定资产、非生产经营用固定资产、出租用固定资产、未使用固定资产、不需用固定资产、融资租入固定资产、土地等。

固定资产的分类核算主要是通过"固定资产""累计折旧""固定资产清理"等账户，对固定资产的取得、建造、使用和报废清理等全过程进行核算。在明细科目下应设置"固定资产登记簿"和"固定资产卡片"，进行明细核算。

手工方式下的固定资产处理程序一般是先对固定资产卡片进行处理，然后登记固定资产明细账，计算每一项固定资产的当月折旧、累计折旧与净值，汇总后与总账进行核对。

电算化后的固定资产处理程序基本与手工处理模式类似，用户在一次性输入一些基本数据、公式及定义后，每个月只需要对变动的固定资产进行处理，如对新购、报废等情况进行调整，计算机会按用户预先的定义自动计算出当月各种固定资产的折旧及累计折旧，按用户指定的条件和项目进行统计、查询、汇总及打印，能完成几乎任意条件下的查询任务，而这

第六章　财务管理信息化

一切只需要几分钟甚至几秒钟。

利用计算机进行固定资产处理，无论是在精度上、速度上，还是在灵活性上，都是手工方式所不能比拟的，它大幅减轻了财务人员的劳动强度，提高了工作效率。

固定资产核算子系统的特点如下：

第一，数据量大，数据在计算机内保留时间长。企业所拥有的固定资产数量一般较多，为了便于企业各部门随时掌握固定资产的详细情况，系统内需要保留每一固定资产的详细资料。为了加强企业对固定资产的管理，保留必要的审计线索，即使是已淘汰的固定资产资料也必须保留。因此，系统需要保留的数据量较大，且所有资料需要跨年度长期在系统中保留。

第二，数据处理的频率较低。除在系统初始设置时需要输入大量的固定资产详细数据外，在系统的日常业务处理中一般只需要输入少量的固定资产变动数据、每月计提折旧数据以及必要时输出报表和统计分析数据，数据处理的频率明显小于购、销、存等其他会计系统。

第三，数据处理方式比较简单。固定资产子系统的数据处理主要是计提折旧和各种统计分析报表的输出。虽然计提折旧，特别是采用单台折旧法计提折旧的工作量较大，但计提折旧的算法比较简单，因此系统数据处理起来比较简单。

第四，数据综合查询和统计要求较高，数据输出主要以报表形式提供。为了满足企业对固定资产核算和管理的多方面需要，固定资产核算子系统应该具有较强的查询和分类统计功能。

第五，需要灵活的自定义功能。由于在实际工作中，企业固定资产的各种信息通常以各种报表的形式提供，为了方便用户的使用，系统应该具有允许用户根据企业的需要自定义报表格式的功能。另外，各企业对固定资产的管理要求不同，固定资产卡片的项目也不同，因此需要有灵活的用户自定义固定资产卡片项目的功能。

二、固定资产折旧信息化

（一）案例情况

某实业有限公司的专用磨床基本每月工作时长为202小时。根据月初固定资产原值计提本月所有固定资产的折旧费，附件3张。

借：制造费用/折旧费、销售费用/折旧费、管理费用/折旧费

贷：累计折旧

（二）信息化流程

第一，录入工作量。在固定资产"处理"菜单树中双击"工作量输入"，录入专用磨床的本月工作时长，并保存。

第二，提取折旧。在固定资产"处理"菜单树中双击"计提本月折旧"并确认继续，系统将自动计算本月折旧费用，并可查看折旧清单。

第三，生成凭证。退出折旧清单后弹出"折旧分配表"，其中，自动生成的科目、项目是固定资产卡片界面参照选择的"对应折旧科目"，单击"凭证"按钮自动生成记账凭证（无现金流量）。

三、固定资产减少信息化

（一）案例情况

某实业有限公司因设备技术更新出售专用机床，残值款×××元，增

值税率17%，收到转账支票8802号存入工行。该专用机床原值×××元，已提折旧×××元。出纳用现金支付清理费×××元，附件8张。

借：固定资产清理／机床清理、累计折旧

贷：固定资产／专用机床

借：银行存款／工行人民币存款

贷：固定资产清理／机床清理、应交税费／应交增值税

借：固定资产清理／机床清理

贷：库存现金／出纳

借：营业外支出／机床出售损失

贷：固定资产清理／机床清理

（二）信息化流程

1. 增加固定资产清理明细科目

由于固定资产清理科目已使用，因此应在"基础档案"中增加该科目的明细科目"机床清理"。

2. 资产减少

双击固定资产"卡片"菜单树中的"资产减少"进入"资产减少"界面。

参照选择卡片编号，单击"增加"按钮，参照选择减少方式，录入清理原因，单击"确定"按钮（录入收入、增值税和费用，生成的分录会混乱，所以不录入）。

3. 批量制单

双击固定资产"处理"菜单树中的"批量制单"进入"批量制单"界面。

在"制单选择"卡片中选择需要生成凭证的卡片记录；在"制单设置"

卡片中，已按前述初始设置的科目自动生成借贷方科目，可以参照修改；然后单击上部的"制单"按钮生成凭证，这是固定资产清理的凭证（没有现金流量）。

4. 填制凭证

除第 1 笔分录外，其余的 3 笔分录应在总账系统的"填制凭证"中增加记账凭证；涉及现金流量科目的均应参照选择"处置固定资产、无形资产和其他长期资产所收回的现金净额"；增加第 3 笔分录后，应单击"余额"按钮查看"机床清理"明细科目的最新余额，以便填制第 4 笔分录的借贷方金额。

四、固定资产增加信息化

（一）工作任务一

1. 案例情况

某实业有限公司购买专用电动设备花费×××元，增值税×××元，开具工行普通支票 2063 号付货款；设备交车间使用，预计可用 10 年，残值率是 4%，使用平均年限法计提折旧，附件 3 张。

借：固定资产/电动设备、应交税费/应交增值税/进项税额

贷：银行存款/工行人民币存款

2. 信息化流程

第一，录入含税卡片。展开导航区"业务工作/财务会计/固定资产/卡片"，双击"资产增加"（初始数据应在"录入原始卡片"中处理），双击"加工设备"类别后进入"固定资产卡片"界面。

这是一张含税卡片，录入或参照选择相关项目，然后单击"保存"按钮；保存后系统将自动增加一张空白的资产卡片，这是因为前述参数设置为"自动连续增加卡片"，所以应单击上部的"放弃"按钮回到该卡片界面。

第二，制单处理。单击固定资产卡片界面上部的"凭证"按钮进入"填制凭证"界面，选择左上角的"记"字，修改会计科目，参照选择现金流量为"购建固定资产、无形资产和其他长期资产所支付的现金"。

（二）工作任务二

1. 案例情况

某实业有限公司在建的专用机床安装完毕转固定资产，该设备可用15年，净残值率是3%，使用双倍余额递减法计提折旧，附件3张。

2. 信息化流程

第一，查询在建工程余额。展开导航区"业务工作/财务会计/总账/账表/科目账"菜单树，双击"明细账"并勾选"包含未记账凭证"，进入明细账界面，通过左上角的科目下拉框选择在建工程的明细科目可见。

第二，录入含税卡片（不录入增值税），保存后将自动增加一张空白卡片，所以，单击"放弃"按钮回到该卡片界面，无须单击卡片界面的"凭证"按钮。

第三，制单处理。展开导航区"业务工作/财务会计/固定资产/处理"菜单树，双击"凭证"进入填制凭证界面，修改、保存记账凭证（无现金流量）。

第四，若上述卡片已经关闭，则"处理"菜单树中没有"凭证"功能，可双击进入卡片界面，通过"下张"按钮找到该卡片，自动调出"处理"菜单树中的"凭证"功能。

第五，凭证查询。展开导航区"业务工作/财务会计/固定资产/处理"

菜单树，双击"凭证查询"进入"凭证查询"界面，在此可对固定资产系统生成的凭证进行冲销、修改、删除，也可以查看凭证、联查资产卡片。

通过总账系统的"查询凭证"功能也可以查看该凭证，单击表头"记账凭证"字样时有"来源于固定资产系统"的提示，通过凭证界面"查看"菜单的"联查原始单据"也可穿透查询固定资产卡片。但总账系统不能修改、删除固定资产系统生成的凭证。

五、期末处理

（一）对账

为保证固定资产系统管理的固定资产价值与总账系统固定资产科目金额一致，可执行本系统的对账功能。对账操作不限制时间，任何时间均可操作。系统在月末结账时需要自动对账一次，并显示对账结果。只有固定资产系统初始设置时设置了"与账务系统对账"参数，才能使用"对账"功能。只有总账系统的凭证审核、记账完毕，才能进行对账。

（二）结账

每月月末，固定资产系统处理完本系统内的全部业务并全部制单后，可进行月末结账。月末结账每月进行一次，系统自动进入下一期间，结账后当期数据不能修改。具体操作步骤为：选择"业务工作/财务会计/固定资产/处理/月末结账"命令，进入"月末结账"界面，完成结账操作。

（三）反结账

若结账后需要对已结账月的业务进行修改或做其他处理，则可执行"处理"菜单下的"恢复月末结账前状态"功能进行反结账，再进行相应修改。

第四节 资金管理信息化

一、工资核算子系统概述

(一)工资核算的内容

工资是指以货币形式支付给职工个人的劳动报酬,是企业对职工个人的一种负债,属于企业因使用职工的知识、技能、时间和精力而给予职工的一种补偿。工资核算的主要任务是:正确计算职工工资,按工资的用途和机构层次进行计提分配并登账;编制各种工资发放表、汇总表及个人工资条。因此,工资核算子系统主要包括以下功能:一是根据企业人事部门提供的职工个人的工资原始数据,计算应付工资、各项扣款、实发工资等;二是按机构层次和统计口径,汇总、分配、计提各种费用,并完成转账;三是打印各种工资发放表、汇总表及个人工资条,提供多种方式的查询和打印功能。

(二)工资核算的特点

工资核算是每个企业财会部门最基本的业务之一,它具有以下特点:

第一,政策性强。由于工资关系国家、集体和每个职工的利益,因此企业必须按照国家法律法规如实填报、认真计算、按时发放。

第二,时间性强。工资的发放有较强的时间限制,在保证工资计算结果准确无误的前提下,必须严格按照规定的时间完成工资计算和发放工作。

第三,工资业务处理重复性强,数据量大。工资计算的方法比较固定,每个职工工资的计算都是重复同样的处理程序，工资的组成项目也较多，增减金额计算烦琐。若职工人数较多，则工资核算子系统的数据计算量就较大，数据抄写量也较大。

正是以上这些特点，使工资核算这项工作更适合并且容易借助计算机来完成，所以工资核算电算化成为计算机在会计工作中应用的首选项目。

（三）工资核算电算化的意义

企事业单位支付给职工个人的工资，是国民收入分配中消费基金的一部分，与每个职工的利益密切相关。因此，认真贯彻国家法律法规、正确计算和发放工资、控制工资支出，不仅对发展整个国民经济有着重要意义，而且对促使企业贯彻按劳分配原则、调动职工生产积极性、不断提高劳动生产率、降低产品成本，也起着重要的作用。

用手工方式进行工资核算需要花费财务人员大量的精力和时间，并且容易出错。电算化后的工资核算子系统大幅提高了计算的速度和准确性，减少了手工计算的工作量，减轻了财务人员的工作强度。

通用工资核算功能模块，可灵活设置工资项目和工资表格，具有实用、方便、灵活、功能强和处理效率高等特点，适用于各行政机关、企事业单位的工资管理工作。

二、工资管理初设信息化

（一）增加工资项目及职务

1. 案例情况

某实业有限公司的薪资政策为每月基本工资每年年初核定一次，并分别规定每月总经理岗位工资、部长岗位工资、段长岗位工资、职员岗位工资；基本工资和岗位工资不超过4000元的，低薪补助为300元，否则为零元；工龄工资为每年50元；三险一金按应发合计的20%扣收；按应税工资代扣代缴个税。

2. 信息化流程

第一，工资主管登录客户端，展开导航区"人力资源/薪资管理"菜单树，进行工资管理的全部操作。

第二，设置工资项目。双击工资管理系统中"设置"菜单树中的"工资项目设置"（必须关闭工资类别）进入"工资项目设置"界面，系统已预设了应发合计、代扣税等项目，这些项目不能删除、修改和重命名。需要增加的项目是：基本工资（增项）、岗位工资（增项）、工龄（其他）、工龄工资（增项）、低薪补助（增项）、单项奖（增项）、三险一金（减项）、应税工资。

单击下部的"增加"按钮，同时选择右部名称参照中的"基本工资"；再双击其后的"增减项"，从下拉框中选择"增项"。

单击下部的"增加"按钮，再单击"三险一金"项目；双击其后的"增减项"，从下拉框中选择"减项"。

双击长度栏，将所有项目的长度全改为8位。

通过右部的"下移"等按钮进行工资项目的排序。

第三，增加行政职务档案。双击"设置"菜单树中的"人员附加信息设置"后输入"行政职务"名称，并勾选下部的"参照""必输项"复选框。

单击下部的"参照档案"按钮进入"工资人员附加信息"界面，单击"增加"按钮，输入参照档案的名称（职务），并确认。

（二）常发工资的工资项目和计算公式

1. 工作任务

根据企业的薪资政策，设置常发工资的工资项目和计算公式。

2. 信息化流程

第一，双击"工资类别"菜单树中的"打开工资类别"，选定"常发工资"后单击"确定"按钮，客户端（下部）状态栏将显示相应的工资类别。

第二，修改人员档案信息。双击"设置"菜单树中的"人员档案"并单击"修改"按钮进入"人员档案明细"界面，按各职工任职情况，在附加信息中参照选择其行政职务。

第三，选择工资项目。双击"设置"菜单树中的"工资项目设置"进入"工资项目设置"界面，通过右部的名称参照下拉框，增加以下常发工资项目：基本工资、岗位工资、工龄工资、低薪补助、三险一金、应税工资，并调整先后顺序。

第四，扣税设置。双击"设置"菜单树中的"选项"，单击"扣税设置"按钮，单击下部的"编辑"按钮，选择从工资中代扣个税或按"应税工资"扣税等。

第五，设置计算公式。双击"设置"菜单树中的"工资项目设置"并单击"公式设置"按钮。

三、工资管理信息查询

（一）工作任务

查询工资管理信息，将其打印或另存为 Excel 表格。

（二）信息化流程

第一，双击工资管理系统中的"我的账表"，查询工资表、工资分析表。

第二，双击"业务处理"菜单树中的"扣缴所得税"，可分类或按职工名查询个税计算过程、扣收情况等。

第三，双击"银行代发"生成"银行代发一览表"；根据银行规定，将其输出为txt、Excel等格式的文件，随支票一并送交银行，以便银行转入各职工在银行的工资账户中。

第四，若由出纳发放现金，可双击"分钱清单"，以便出纳事前准备不同券别的人民币，按部门或人员发放现金。

第五节　出纳管理信息化

一、出纳信息化的内容

出纳信息化是指将会计信息作为管理信息资源，全面运用以计算机、网络通信为主的信息技术对其进行获取、加工、传输、应用等处理，为企业经营管理、控制决策和经济运行提供充足、实时、全方位的信息。出纳信息化是信息社会的产物，是未来会计的发展方向。出纳信息化不仅将计算机、网络通信等先进的信息技术引入会计学科，与传统的会计工作相融合，在业务核算、财务处理等方面发挥作用，还包含更深层的内容，如会计基本理论信息化、会计实务信息化、会计教育信息化、会计管理信息化等。

二、出纳信息化的特征

（一）普遍性

出纳的所有领域要全面运用现代信息技术。准确地讲，现阶段出纳信息化赖以存在的还是传统的出纳理论，既没有修正传统的出纳理论体系，也没有构建起适应现代信息技术发展的完善的出纳理论体系。从出纳信息化的要求来看，就是现代信息技术在理论、工作、管理、教育诸领域的广泛应用，并形成完整的应用体系。

（二）集成性

出纳信息化将对传统出纳组织和业务处理流程进行重整，以支持"虚拟企业""数据银行"等新的组织形式和管理模式。这一过程的出发点和终结点是实现信息的集成化。信息集成包括三个层面：一是在会计领域实现信息集成，即实现财务会计和管理会计之间的信息集成，协调和解决会计信息真实性与相关性的矛盾；二是在企业组织内部实现财务和业务的一体化，即集成财务信息和业务信息，在两者之间实现无缝链接，使财务信息和业务信息能够做到"你中有我，我中有你"；三是建立企业组织与外部利害关系人（客户、供应商、银行、税务、财政、审计等）的信息网络，实现企业组织内外信息系统的集成。信息集成的结果是信息共享。企业组织内外与企业组织有关的所有原始数据只要一次输入，就能做到分次利用或多次利用，既减少了数据输入的工作量，又实现了数据的一致性，还保证了数据的共享性。建立在会计信息化基础上的21世纪会计信息系统是与企业组织内外信息系统有机整合的，高度数字化、多元化、实时化、个性化、动态化的信息系统，它具有极强的适应力。

（三）动态性

动态性，又称为实时性或同步性。出纳信息化在时间上的动态性表现为以下几个方面：首先，出纳数据的采集是动态的。无论是企业组织外部的数据（发票、订单），还是企业组织内部的数据；也无论是局域数据，还是广域数据，一旦发生，都将存入相应的服务器，并及时送至会计信息系统中等待处理。其次，出纳数据的处理是实时的。在会计信息系统中，出纳数据一经输入系统，就会立即触发相应的处理模块，对数据进行分类、计算、汇总、更新、分析等一系列操作，以保证信息动态地反映企业组织的财务状况和经营成果。最后，会计数据采集和处理的实时化、动态化，使会计信息的发布、传输和利用能够实时化、动态化，会计信息的使用者也就能够及时地做出管理决策。

（四）渐进性

现代信息技术对出纳模式重构具有主观能动性。但是，这种能动性的体现需要一个渐进的过程。具体应分三步：第一步，以现代信息技术去适应传统出纳模式，即建立核算型会计信息系统，实现出纳核算的信息化；第二步，现代信息技术与传统出纳模式相互适应，表现为传统出纳模式为适应现代信息技术而对会计理论、方法做局部的小修小改，扩大所用技术的运用范围，实现出纳管理的信息化；第三步，以现代信息技术去重构传统出纳模式，以形成现代会计信息系统，实现包括出纳核算信息化、出纳管理信息化和出纳决策支持信息化在内的出纳信息化。

传统的会计电算化实质上并未突破手工会计核算的思想框架。会计电算化与会计信息化虽然都是利用现代信息技术处理会计业务，提高了会计工作的效率和企业财务管理水平，但企业信息化环境下的会计信息化系统与会计电算化系统相比，无论是在技术上还是在内容上都是一次质的飞跃，两者的内涵区别较大。

三、货币资金清查信息化

（一）现金盘点清查

1. 工作任务

盘点出纳现金的实际结余钱数，附件1张。

借：库存现金/出纳

贷：待处理财产损溢/待处理流动资产损溢/现金盘盈

2. 信息化流程

第一，确定盘点盈亏。账套主管展开导航区"业务工作/财务会计/总账/出纳"菜单树，双击"现金日记账"并勾选"包含未记账凭证"选项。

第二，填制凭证。参照选择待处理财产损溢科目时，应单击"编辑"按钮，先增加该科目的二级明细科目（待处理流动资产损溢），再增加其三级科目（现金盘盈）。

第三，现金流量参照选择为"收到的其他与经营活动有关的现金"。

第四，由出纳登录客户端，进行"出纳签字"。从凭证列表中可见，没有货币资金类科目的记账凭证，如提取职工工资的凭证，不需要出纳签字。

第五，由主管登录客户端，进行签字、凭证审核。

第六，由账套主管登录客户端，进行凭证过账。

（二）银行存款清查

1. 清查前提

收到银行对账单，暂时未收到银行存款对账单。

2. 信息化流程

第一，出纳查询日记账。出纳登录客户端，展开导航区"业务工作/财务会计/总账/出纳"菜单树，可以查询现金日记账、银行日记账，还可查询某一特定日期的资金日报表，包括各银行科目本日借记、贷记金额及余额等。

第二，录入银行对账单。由出纳双击"银行对账"菜单树中的"银行对账单"，选择"存出投资款"科目进入"存出投资款"界面；单击上部的"增加"按钮，录入收到的对账单信息，再单击上部的"保存"按钮。因为没有收到银行人民币存款账户的对账单，所以暂不录入银行账户的对账单。

第三，银行对账。双击"银行对账"菜单树中的"银行对账"，选择"存出投资款"科目，点击"显示已达账"选项进入"银行对账"界面。该界面左部为本企业的日记账，右部为已录入的对账单信息。

单击上部的"对账"按钮进入"自动对账"界面，取消"结算方式相同"选项，单击"确定"按钮，系统自动进行对账；系统能识别的已达账，显示于"两清"栏中，双击可取消两清标记；其余无标识的为未达账或系统不能识别的已达账。

系统不能识别的已达账应手工两清，方法是双击某条已达账的记录，此时两清栏将显示为"Y"。

第四，出纳穿透查询。双击"银行对账"菜单树中的"余额调节表查询"，可查看各银行科目的对账情况，若不平衡，"调整后存款余额"栏将显示"不平衡"字样。在该界面双击某条记账，可调出"银行存款余额调节表"进行查看；在调节表界面单击"详细"按钮，可查看银行已收付企业未收付、企业已收付银行未收付的未达账的详细情况。

由于前述功能权限的限制，出纳不能查询会计凭证。

四、货币资金收付凭证信息化

（一）工作任务一

1. 案例情况

某实业有限公司出纳用现金支付车间电费、车间办公费；厂部水电费、厂部邮电费；销售产品上车费、广告费；贫困学生捐赠费等。附件23张。

借：制造费用、管理费用、销售费用、营业外支出/捐赠支出

贷：库存现金/出纳

2. 信息化流程

第一，填制记账凭证。可单击摘要栏中的参照按钮，选择常用摘要；选择会计科目后进行辅助项目参照选择时，应先单击参照界面的"编辑"按钮，增加"要素费用"栏中的"邮电费""广告费"等项目；参照选择营业外支出科目时，应在科目参照界面编辑增加"捐赠支出"明细科目。

第二，现金流量参照选择为"购买商品、接受劳务所支付的现金""支付的其他与经营活动有关的现金""支付的其他与筹资活动有关的现金"。

（二）工作任务二

1. 案例情况

某实业有限公司出售一股票 20000 股，每股售价×××元；出售另一股票 200 股，每股售价×××元。以上款项扣除手续费 1% 后，收到证券公司普通支票 6091 号。附件 5 张。

借：其他货币资金/存出投资款

贷：交易性金融资产、投资收益/股票投资损益

2. 信息化流程

第一，填制凭证。在参照选择"交易性金融资产"的明细科目后，可先单击记账凭证上部的"余额"按钮查看相应的数量、单价、金额，然后再录入辅助项的数量、单价，按空格键将自动生成的金额调整到贷方。

第二，现金流量参照选择为"收回投资所收到的现金"×××元。

参考文献

[1] 陈兆飞. 现代信息技术在中小企业财务管理中的应用 [J]. 财经界, 2014（36）：148, 159.

[2] 陈哲明. B/S 模式下财务管理系统集成的研究 [D]. 成都：电子科技大学, 2010.

[3] 邓彩英. 现代信息技术在高职院校财务业务流程的探究与应用：以 G 高职院校为例 [J]. 科技经济市场, 2023（1）：33-35.

[4] 邓晖, 李民. 试论信息技术在现代企业财务管理中的应用 [J]. 现代商业, 2010（15）：271.

[5] 高美玲. 应用现代信息技术提升财务管理水平 [J]. 煤, 2008（8）：101-102.

[6] 耿森. 信息技术在造纸企业财务管理中的应用 [J]. 造纸装备及材料, 2023, 52（9）：11-13.

[7] 关俏玲. 事业单位预算管理一体化应用研究 [J]. 质量与市场, 2023（3）：79-81.

[8] 黄志刚, 尹佳雨. 试论信息技术在现代气象财务管理中的应用 [J]. 电脑知识与技术, 2017, 13（8）：217-218.

[9] 贾少龙, 郑博. 解析运用电子信息技术创新财务管理与服务 [J]. 财经界, 2021（33）：124-125.

[10] 李万娇，宋静. 互联网背景下应用型本科财务管理课程教学的优化研究 [J]. 投资与合作，2022（5）：193-195.

[11] 梁海燕. 高校财务管理中审计信息技术的应用与效果评估 [J]. 中国管理信息化，2024，27（1）：18-21.

[12] 林晓金. 大数据时代信息化在企业财务管理中的有效应用 [J]. 商业观察，2023，9（21）：68-71.

[13] 卢佳敏，陈娜欣. 信息技术在医院财务管理中的应用研究 [J]. 财经界，2024（10）：102-104.

[14] 吕海英. 大数据背景下企业财务管理信息系统应用研究 [J]. 纳税，2021，15（33）：109-110.

[15] 孟祥伟，李恒智. 现代财务管理工作中信息技术的应用 [J]. 中国乡镇企业会计，2017（10）：257-258.

[16] 倪家欢. 会计信息技术在企业财务管理中的应用研究 [J]. 老字号品牌营销，2024（8）：154-156.

[17] 盛锦春，赵武初. 现代信息技术在财务管理教学中的应用 [J]. 辽宁行政学院学报，2008（11）：104-105.

[18] 苏晓妹. 事业单位财务管理信息化建设存在的问题及解决策略 [J]. 投资与创业，2023，34（18）：50-52.

[19] 孙琳. 信息技术在医院财务管理中的应用研究 [J]. 财经界，2024（4）：120-122.

[20] 王玲. 信息技术在医院财务管理中的应用 [J]. 财会学习，2021（26）：13-15.

[21] 王循哲. 信息技术在企业财务管理中的应用研究 [J]. 市场瞭望，

2023（15）：105-107.

[22] 王元章. 信息技术应用视角下企业财务管理的应对策略探讨 [J]. 企业改革与管理，2022（13）：127-129.

[23] 武宝贵. 信息技术在财务管理学教学中应用探讨 [J]. 中国产经，2023（14）：164-166.

[24] 谢爱萍，李亚云. 成本管理会计 [M]. 北京：人民邮电出版社，2015.

[25] 张建立. 财务信息化在企业财务管理中的应用 [J]. 信息系统工程，2022（7）：113-116.

[26] 张婧. 现代信息技术在医院财务管理中的应用 [J]. 网络安全和信息化，2024（2）：21-23.

[27] 张瑞君. 企业集团财务管控 [M]. 北京：中国人民大学出版社，2015.

[28] 张卫民. 财务管理系统中 B/S 系统的开发利用 [D]. 长春：吉林大学，2008.

[29] 张志华. 互联网在财务管理中的应用案例分析 [J]. 电子技术，2022，51（4）：121-123.

[30] 郑琴玉，陈子文，詹博皓. 现代信息技术在高职院校财务管理中的应用 [J]. 商讯，2020（26）：52-53.

[31] 朱芳. ERP 在财务管理中的应用及分析 [D]. 北京：北京邮电大学，2008.

[32] 左涛. SAP 系统在企业财务管理中的应用研究：以国家能源集团广东电力有限公司为例 [J]. 中国管理信息化，2022，25（6）：58-60.